新时代智库出版的领跑者

国家智库报告 2022（42）
National Think Tank

经 济

中国国有企业职业经理人制度研究

黄群慧　石颖　孙小雨　等著

A RESEARCH ON PROFESSIONAL MANAGER SYSTEM OF STATE-OWNED ENTERPRISES IN CHINA

中国社会科学出版社

图书在版编目(CIP)数据

中国国有企业职业经理人制度研究 / 黄群慧等著. —北京：中国社会科学出版社，2022.10
（国家智库报告）
ISBN 978 – 7 – 5227 – 0994 – 9

Ⅰ. ①中⋯ Ⅱ. ①黄⋯ Ⅲ. ①国有企业—企业管理制度—研究报告—中国 Ⅳ. ①F279.241

中国版本图书馆 CIP 数据核字（2022）第 203403 号

出 版 人	赵剑英
项目统筹	王　茵　喻　苗
责任编辑	王　曦
责任校对	李斯佳
责任印制	李寡寡

出　　版	中国社会科学出版社
社　　址	北京鼓楼西大街甲 158 号
邮　　编	100720
网　　址	http://www.csspw.cn
发 行 部	010 – 84083685
门 市 部	010 – 84029450
经　　销	新华书店及其他书店
印刷装订	北京君升印刷有限公司
版　　次	2022 年 10 月第 1 版
印　　次	2022 年 10 月第 1 次印刷
开　　本	787×1092　1/16
印　　张	15.25
插　　页	2
字　　数	201 千字
定　　价	78.00 元

凡购买中国社会科学出版社图书，如有质量问题请与本社营销中心联系调换
电话：010 – 84083683
版权所有　侵权必究

代前言

国有企业在现代化新征程中的新使命新任务

黄群慧

党的二十大报告提出:"从现在起,中国共产党的中心任务就是团结带领全国各族人民全面建成社会主义现代化强国、实现第二个百年奋斗目标,以中国式现代化全面推进中华民族伟大复兴。"[①] 国有企业作为推进国家现代化、保障人民共同利益的重要力量,中国特色社会主义的重要物质基础和政治基础,需要围绕着党的中心任务,围绕着以中国式现代化推进中华民族伟大复兴,增强在全面建设社会主义现代化强国新征程中的使命感,通过深化国资国企改革,加快国有经济布局优化和结构调整,完善中国特色现代企业制度,弘扬企业家精神,加快建设现代新型国有企业,推动国有资本和国有企业做强做优做大,提升企业核心竞争力,培育出一批产品卓越、品牌卓著、创新领先、治理现代的世界一流企业,为全面建设社会主义现代化国家、实现第二个百年奋斗目标发挥更大作用。

---

① 《中国共产党第二十次全国代表大会文件汇编》,人民出版社2022年版,第18页。

一 强化建设中国式现代化使命担当，积极推进国有企业高质量发展

使命是企业组织存在的理由，使命决定战略，企业组织基于战略进行有效运作，在市场中计划运筹、组织协调各种资源，最终实现自己的使命，这是企业组织运行的基本逻辑。在市场经济条件下，如果仅仅把企业作为一个具有"经济人"特性、追求经济利益最大化的组织，企业就很难做大做强做久。卓越的企业从来不是仅仅把盈利作为自己组织的使命或者目标，盈利只是企业发展的手段，企业必须有为社会进步做出自己贡献的崇高使命。对于中国国有企业而言，更是应该把实现中华民族伟大复兴作为自己组织的根本使命，这是国家出资设立国有企业的最基本要求，也是国有企业存在的理由。未来中国共产党的中心任务是以中国式现代化全面推进中华民族伟大复兴，那么，在未来以中国式现代化全面推进中华民族伟大复兴的新征程中，国有企业必须强化建设中国式现代化的使命担当，围绕着中国式现代化本质要求，推进国有企业改革与发展。也就是说，强化建设中国式现代化使命，这是中国国有企业在现代化新征程中改革发展的逻辑基点。

党的二十大报告强调，发展是党执政兴国的第一要务，高质量发展是全面建设社会主义现代化国家的首要任务，高质量发展是中国式现代化的本质要求之一。强化国有企业建设中国式现代化的使命担当，必然要求国有企业以自身高质量发展推进经济高质量发展。而所谓高质量发展，是完整、准确、全面贯彻新发展理念的发展，企业高质量发展就是遵循新发展理念的企业成长与发展，企业高质量发展应该具有创新是第一动力、协调成为内生需要、绿色成为普遍形态、开放成为必由之路、共享成为根本目的的一组企业发展特性。国家在以高质量发展

推进中国式现代化的过程中,围绕高质量发展主题制定和实施一系列重大战略,包括加快构建以国内大循环为主体、国内国际双循环相互促进的新发展格局,把实施扩大内需战略同深化供给侧结构性改革有机结合起来,加快建设现代化经济体系,着力提升产业链供应链韧性和安全水平,着力推进城乡融合和区域协调发展。以这些高质量发展主题和国家重大战略为导向,国有企业需要更加明确自己的具体定位和发展使命,努力成为现代化经济体系建设的重要市场主体,坚持贯彻新发展理念、走高质量发展之路,在高水平自立自强、提升产业链现代化水平、推进共同富裕、畅通经济循环等重大战略中发挥引领和支撑作用。

二 坚持社会主义市场经济改革方向,持续完善中国特色现代企业制度

以高质量发展推进中国式现代化,要不断完善高质量发展的体制机制。在探索中国式现代化道路的过程中,中国共产党领导全国人民成功创造了社会主义市场经济体制。习近平总书记指出:"在社会主义条件下发展市场经济,是我们党的一个伟大创举。我国经济发展获得巨大成功的一个关键因素,就是我们既发挥了市场经济的长处,又发挥了社会主义制度的优越性。"[1] 在现代化新征程中,需要坚持社会主义市场经济改革方向,从而筑牢高质量发展的制度基础。1978年以来,国有企业改革一直是中国经济体制改革的中心环节。坚持社会主义市场经济改革方向,就需要不断深化国资国企改革。中国特色的现代企业制度,是社会主义市场经济体制的企业微观制度基础之

---

[1] 中共中央文献研究室编:《习近平关于社会主义经济建设论述摘编》,中央文献出版社2017年版,第64页。

一，既坚持了中国共产党领导这个中国最大的国情，又坚持了建立现代企业制度这个市场化改革方向。从这个意义上看，中国特色现代企业制度也是中国式现代化的企业微观基础制度之一。

党的十八大以来，国有企业改革在坚持建设现代企业制度这个国有企业改革方向的同时，尤其是强调坚持党对国有企业的领导这个重大政治原则，努力把加强党的领导与完善公司治理统一起来，建设中国特色现代企业制度。2016年10月，习近平总书记在全国国有企业党的建设工作会议上指出：坚持党对国有企业的领导是重大政治原则，必须一以贯之；坚持现代企业制度是国有企业改革的方向，也必须一以贯之。中国特色现代国有企业制度，"特"就特在把党的领导融入公司治理各环节，把企业党组织内嵌到公司治理结构之中，明确和落实党组织在公司法人治理结构中的法定地位，做到组织落实、干部到位、职责明确、监督严格。① 通过新时代全面深化改革和国有企业改革"三年行动方案"，国有企业健全"三重一大"决策制度，落实党委（党组）研究讨论前置程序，充分发挥党委（党组）的领导作用，尊重和支持董事会、经理层依法行使职权，中国特色现代企业制度建设取得了积极成效。

面对以高质量发展推进中国式现代化建设的重大使命，国有企业要持续完善中国特色现代企业制度。一方面，要坚持党对国有企业的领导不动摇，把加强党的领导和完善公司治理统一起来，把党的领导有效融入公司治理各环节。落实党组织在企业决策、执行、监督各环节的权责和工作方式，确保国有企业改革发展方向和经营活动符合建设中国式现代化的使命要求。另一方面，进一步健全国有企业经营决策机制，

---

① 《习近平谈治国理政》（第二卷），外文出版社2017年版，第176页。

形成有效制衡的公司法人治理结构，提高国有资本配置效率，进一步推动国有企业成为自主经营、自担风险、自我约束的独立市场经营主体，使国有企业更多通过市场化的手段生产经营，并通过市场化的机制获得生产经营带来的收益或者风险。

三 优化国有经济布局和结构，推动国有资本和国有企业做强做优做大

一个现代化国家，必须有现代化经济体系支撑。中国开启全面建设社会主义现代化新征程，必须建设现代化经济体系。建设现代化经济体系，既是经济从高速增长转向高质量发展的迫切要求，也是建设中国式现代化的战略目标任务。建设现代化经济体系，一方面要建设创新引领、协调发展的现代化产业体系，将经济发展的主要着力点放在实体经济上，推进实体经济和制造业高质量发展，依靠创新驱动实体经济供给质量提升，加快建设制造强国、质量强国、航天强国、交通强国、网络强国、数字中国，加快发展先进制造业和战略性新兴产业，推进产业基础高级化、产业链现代化，提高产业链供应链韧性，加快建设现代化基础设施体系；另一方面要建设彰显优势、协调联动、融合发展的现代化城乡区域体系。开启现代化新征程要全面推进乡村振兴，加快建设农业强国，深入实施区域协调发展战略、区域重大战略、主体功能区战略和新型城镇化战略等重大发展战略，形成优势互补、高质量发展的区域经济布局和国土空间体系。

作为现代化经济体系的重要支撑的国有企业，需要进一步优化国有资本布局和结构，进一步推动国有资本和国有企业做强做优做大，以服务于建设现代化经济体系的需要。围绕着建设现代化产业体系和现代化城乡区域体系，服务于制造强国、

质量强国、航天强国、交通强国、网络强国、数字中国、农业强国建设的需要，服务于乡村振兴、新型城镇化和区域发展战略的需要，国有企业应在发展战略上进行聚焦，优化投资方向，既实现国有资本和国有企业做强做优做大，又有利于推进国有经济布局优化和结构调整。

要实现上述要求和任务，需要进一步完善管资本为主的国有资产监管体制，强化国资委对国有企业使命定位、战略方向、资本布局的监管，避免国有资本脱离主责主业，尤其是脱离实业主业，倾向于"脱实向虚"，不能很好地履行壮大实体经济、推进制造业高质量发展等现代化建设功能定位。不能将"管资本为主"理解为"单纯管资本"、不能"管企业"，把"管资本"单纯理解为监管企业的资本收益。"管资本"应该把管企业的资本和管企业的使命、战略等统一起来。从国资委监管的对象看，其监管资本的含义更多的是具有"技术属性"，而非"金融属性"。这意味着国资委"管资本"需要监管的对象是基于"技术属性"投入资本获得产出的利润率，而不是基于"金融属性"投入资本在资本市场上资源流动中获得的"利率"收益。国资委"管资本"不仅要考核其资本回报，还要关注其资本回报是通过什么途径获得的，要监管企业是否已经脱离主责主业、违背使命要求和偏离资本功能定位。引导国有企业牢固树立新发展理念和正确的业绩观，切实把国有企业引导到做强做优做大上来。要突出落实企业的主体责任，从考核分配、干部管理、党建廉政等各方面督促引导国有企业建立正确的业绩观，聚焦实业、做强主业，实现高质量、可持续发展。推动国有企业大力发展实体经济，推动产业产品迈向价值链高端，持续做强做优做大，实现国有资本有序增值。

四 提升国有企业核心竞争力，加快推进世界一流企业建设

党的二十大报告围绕着高质量发展，对国有企业提出了提高企业核心竞争力、加快建设世界一流企业的要求，这为国有企业在现代化新征程中指明了高质量发展的目标和方向。国有企业高质量发展，最终体现为企业核心竞争力的提高，体现为一批产品卓越、品牌卓著、创新领先、治理现代的世界一流企业的培育和形成。尤其是对于中央企业而言，要更好地履行高水平科技自立自强的使命担当，努力成为原创性技术策源地和现代化产业链的链主企业。在现代化新征程中，国有企业围绕着核心竞争力的提高和世界一流企业的发展目标，尤其需要在以下两方面重要任务上发力。

一方面，以科技创新提升企业核心竞争力。支持国有企业更好更多地投入科技创新领域，发挥原创性技术需求牵引作用，加强关键核心技术攻关，强化原创性技术供给；加速创新要素集聚，建设高水平研发平台，鼓励国有企业将更多资本投入到科学创造和原创性技术创新之中；着力优化创新生态，厚植创新文化，遏制"脱实向虚"的经济结构失衡趋势，使制造业企业有合理利润，减少其转向资本市场逐利的动机；开展高质量的国内外创新合作，深化创新主体的有效协同机制，促进原创性成果转化；采取"揭榜挂帅"的机制引导有能力、有意愿的企业将资源投入到战略性新兴产业、国家需要重点发展的核心科技竞争产业中；积极探索有效的国有企业投资模式，通过改组组建国有资本投资公司和运营公司，将投资风险控制在可以承受的范围内，开展投资融资、产业培育、资本整合，推进产业链数字化转型和专业化整合，提高把握高附加值的产业链关键环节的能力。国有企业尤其是中央企业要通过创新发展成为

建设制造强国、质量强国、航天强国、交通强国、网络强国、数字中国的主力军。

另一方面，推进现代新型国企向世界一流企业的跨越发展。世界一流企业是国家经济实力、科技实力、国际竞争力的重要体现，是引领全球产业发展和技术创新的关键力量。2035年我国将基本实现现代化，经济实力、科技实力、综合国力大幅跃升，人均国内生产总值达到中等发达国家水平，实现高水平科技自立自强，进入创新型国家前列，建成现代化经济体系，形成新发展格局，基本实现新型工业化、信息化、城镇化、农业现代化；到本世纪中叶，把我国建设成为综合国力和国际影响力领先的社会主义现代化强国。我国现代化战略目标的实现，必然要求我国加快建设世界一流企业。没有一批世界一流企业的支撑，不可能建成现代化经济体系和新发展格局，不可能基本实现现代化；没有一大批世界一流企业支撑，我国也就不可能成为综合国力和国际影响力领先的社会主义现代化强国。当前，我国已经成长出一批规模巨大的超大型企业，在世界500强企业中总数已居世界第一位。但是，与世界一流企业相比，我国企业在创新能力、质量效益、品牌价值、治理水平和国际影响等方面还有较大差距。对于国有企业而言，经过改革开放，尤其是通过新时代全面深化改革和国有企业改革"三年行动方案"，在形成更加成熟更加定型的中国特色现代企业制度和国资监管体制上，在推动国有经济布局优化和结构调整上，以及在提高国有企业活力和效率上，都取得重大成就，国有企业通过改革发展成长为适应社会主义市场经济体制要求的、具有现代属性的现代新型国有企业，在中国式现代化建设中已发挥了重要作用。面对全面建设社会主义现代化强国的新使命新任务，现代新型国有企业要以追求卓越、志在一流的使命担当，通过把握新一轮科技和产业革命趋势有效提升企业技术牵引和产业变革的创新力，通过对标世界一流企业全面提升企业产品品牌价值创造力，通过完善中国特色现代企业制度加快提升企业现代治理和管理能力，通过积极融入国际经济大循环快速提升企业的全球影响力，从而积极推进现代新型国有企业跨越发展为世界一流企业。

五 弘扬企业家精神，完善职业经理人制度

党的二十大报告要求，实施科教兴国战略，强化现代化建设的人才支撑，尤其指出要弘扬企业家精神。企业家精神的核心要素和基本导向是创新，弘扬企业家精神是决定企业创新能力进而也是决定企业核心竞争力的关键。要弘扬企业家爱国敬业遵纪守法艰苦奋斗的精神、弘扬企业家创新发展专注品质追求卓越的精神、弘扬企业家履行责任敢于担当服务社会的精神。对于国有企业而言，尤其要求进一步完善职业经理人制度，深化国有企业经理层成员任期制和契约化管理的改革，激励国有企业经理人行为长期化，建立创新失败保护机制，提高国有企业经理人承担风险的能力，让更多国有企业经理人成长为真正具有企业家精神的企业家。

进入新时代，在全面深化国有企业改革的进程中，国有企业职业经理人制度政策探索呈现出由缓到快的明显转变。中央企业和地方国企以试点为抓手，正在推进"自我革命"式改革，成效初显，市场化选聘比例逐步加大、经营机制进一步完善，企业效益明显提升。国有企业推行职业经理人制度促进了企业法人治理结构的协调运转，规范了企业法人治理结构，董事会职权进一步落实；企业不断健全市场化经营机制，深化企业"三项制度改革"，企业活力得到不断释放。国有企业经营管理者是国有企业做强做优做大的关键少数，调动其积极性对国企改革全局意义重大。职业经理人制度是破解国有企业选人用人机制的关键一招，打造一支专业化、职业化、市场化和国际化

的国有企业职业经理人队伍，有利于激活经营管理层活力，进一步完善现代企业制度，不断增强国有经济竞争力、创新力、控制力、影响力和抗风险能力。尽管在国有企业推行职业经理人制度的实践中，尚存问题和困难，但该制度既是国企引入市场化机制的迫切要求，也是深化改革发展的现存需求，更是实现中国式现代化所需要的构建中国特色企业理论的使命召唤。

摘要： 在全面深化国有企业改革的进程中，推行职业经理人制度已成为大势所趋。国有企业经营管理者是国有企业做强做优做大的关键少数，调动其积极性对国企改革全局意义重大。职业经理人制度是破解国有企业选人用人机制的关键一招，打造一支专业化、职业化、市场化和国际化的国有企业职业经理人队伍，有利于激活经营管理层活力，进一步完善现代企业制度，不断增强国有经济竞争力、创新力、控制力、影响力和抗风险能力。尽管在国有企业推行职业经理人制度的实践中，尚存问题和困难，但该制度既是国企引入市场化机制的迫切要求，也是深化改革发展的现存需求，更是构建中国特色企业理论的使命召唤。

理论探讨层面，本研究将国有企业职业经理人界定为狭义的国有企业职业经理人，即高级管理人员，应具备政治品格、领导能力、工作作风以及心理素质四个关键要素。国有企业的职业经理人本质上仍然是职业经理人，具有与民营企业和跨国公司等其他所有制企业职业经理人相同的一般属性，但在引入动机、基本原则、责任、能力要求、选聘、薪酬与激励及退出机制等方面又具有特殊性。在深入挖掘不完全契约理论、委托代理理论、人力资本理论、管理层权力理论等经济学和管理学理论对国有企业职业经理人议题的理论阐释的基础上，我们尝试从宏观、中观、微观三个层面对新时代国有企业职业经理人制度进行理论架构。

演变历程层面，对应改革开放初期、经济转型时期、国资监管时期和纵深推进时期四个阶段，将中国国有企业职业经理人制度发展分为1978—1992年改革准备阶段，1993—2002年初步酝酿阶段，2003—2012年试水调整阶段和2013年至今的推广深化阶段四个阶段，回顾总结国有企业职业经理人制度的发展脉络。同时，对西方国有企业职业经理人制度的发展历程进行了系统回顾，划分为经理层主要受制于政治政策，经理层逐渐掌握企业控制权，以及经理层受到的政府管制和市场监督增强三个阶段。通过对中外国有企业职业经理人制度发展沿革进行比较发现，国有企业职业经理人制度的改革本质上是对国家和企业关系的重新界定，而党组织的嵌入则彰显了中国国有企业职业经理人制度的特色。

改革进展层面，以党的十八大为主要标志，中国国有企业职业经理人制度政策探索呈现由缓到快的明显转变。中央企业和地方国企以试点为抓手，正在推进"自我革命"式改革，成效初显，市场化选聘比例逐步加大、经营机制进一步完善、企业效益明显提升。国有企业推行职业经理人制度促进了企业法人治理结构的协调运转，规范了企业法人治理结构，董事会职权进一步落实；企业不断健全市场化经营机制，深化企业"三项制度改革"，企业活力得到不断释放；加快了企业"去行政化"的步伐，加快了国企干部制度改革；绩效和薪酬管理机制更加完善，激励约束效应显著增强，推动了国有企业高质量发展。然而，职业经理人制度试点整体进展不充分，职业经理人制度在国有企业中尚属新鲜事物，没有可借鉴的成熟经验，中央企业、部分省市区目前主要是在少数公司进行试点，很多工作都是边试边改、边改边完善，存在发力点不足的情况。推进中仍存在选聘市场化和身份市场化程度还不够、管理契约化还存在提升空间、薪酬市场化差异化还存在差距、退出制度化仍不够彻底、培养与监管机制还需健全等问题。

实践探索层面，根据中央企业及各地方国有企业推行职业经理人制度的情况，将国有企业推行职业经理人制度的典型方式概括为四种："四化管理方式"、现有领导人员"转身方式"、"市场化的经理人方式"、"个别岗位市场化选聘方式"。以华润集团、中粮集团、新兴际华集团、深投控、河南能源为典型案例，分析中央企业和地方国企按照"市场化选聘、契约化管理、差异化薪酬、监督管理"等路径开展实施的国有企业职业经理人实践探索。

基于此，本书认为在中国国有企业推行职业经理人制度是一项系统性的制度创新，应依据历史轨迹和现实基础渐进推进，通过坚守宏观改革方向，按照党管干部原则与市场化改革相融合的原则，将加强党的领导与市场化发展统一起来；遵循中观改革原则，分类、分层、分阶段，有先后、有主次并且有轻重地推行；推进微观改革模式，进一步完善"市场化选聘、契约化管理、差异化薪酬、体系化培训、市场化退出、流程化监管"主要环节，逐步形成具有中国特色的国有企业职业经理人制度体系。

关键词：职业经理人；国有企业；制度改革

Abstract: In the course of deepening the reform of state-owned enterprises, it has become the general trend to carry out professional manager system. Managers are the key minority to make SOEs stronger, better and bigger. Arousing their enthusiasm is of great significance to the overall reform of SOEs. Professional manager system is a key move to break the hiring mechanism of SOEs. To build a professional, market-oriented and international team of professional managers of SOEs is conducive to activating the vitality of the management team, further improving the modern enterprise system, and constantly enhancing the competitiveness, innovation, control, influence and anti-risk ability of the state-owned economy. Although there are still some problems and difficulties in the practice of implementing professional manager system in SOEs, this system is not only the urgent requirement for SOEs to introduce market-oriented mechanism, but also the existing demand for deepening reform and development, and it is also the call of duty to construct the theory of enterprises with Chinese characteristics.

From the theoretical perspective, this study defines professional managers of SOEs in a narrow sense, that is, senior managers, who should possess four key elements: political character, leadership ability, work style and psychological quality. The professional managers of SOEs are still professional managers in essence. They have the same general attributes as those of professional managers of other ownership enterprises such as private enterprises and multinational corporations, but they also have special characteristics in introducing motivation, basic principles, responsibilities, ability requirements, selection and employment, remuneration, incentive and exit mechanism. In deep mining incomplete contract theory, principal-agent theory, human capital theory in economics and management theory, we try to construct the professional manager system of SOEs in the new era from macro, medium and micro levels.

In terms of evolution process, corresponding to the initial reform and opening up period, economic transformation period, state-owned assets supervision period and in-depth promotion period, the development of SOEs professional manager system can be divided into the preparation stage from 1978 to 1992, the preliminary incubation stage from 1993 to 2002, the testing stage from 2003 to 2012 and the stage of promotion and deepening since 2013. At the same time, the development course of professional manager system in western SOEs is systematically reviewed, which can be divided into three stages: the managers are mainly subject to political policies, the managers gradually grasp the control of the enterprise, and the managers are subject to the enhancement of government regulation and market supervision. By comparing the development and evolution of professional manager system of SOEs in China and foreign countries, it is found that the reform of professional manager system of SOEs is essentially a redefinition of the relationship between the state and enterprises, and the incorporation of the CPC organization into the professional manager system of shows the characteristics of the manager system of SOEs in China.

In terms of reform progress, with the 18th CPC National Congress as the main symbol, the policy exploration of professional manager system in SOEs presents an obvious transition from slow to quick. Taking pilot projects as the starting point, central and local SOEs are carrying out "self-revolution" reform, which has achieved initial results, gradually increasing the proportion of market-oriented recruitment, further improving the operating mechanism, and significantly improving enterprise performance. The implementation of professional manager system in SOEs has promoted the coordinated operation of the corporate governance structure, standardized the corporate governance structure, and further implemented the functions and powers of the board of directors. Enterprises continue to improve the market-oriented operation mechanism, deepen the "three institutional reforms" of enterprises, and continue to release the vitality of enterprises. SOEs accelerate the pace of "de-administration" and the reform of the cadre system. Performance and compensation management mechanisms have been improved, incentives and constraints have significantly increased, and high-quality development of SOEs has been promoted. However, pilot professional manager system overall progress is not sufficient, professional manager system in SOEs is still something new, no mature experience for reference, the central SOEs, some provinces and cities at present is mainly carried out in a few companies, a lot of work is to try and improve, while improving, there are still shortcomings. In the process of promotion, there are still some problems, such as insufficient market-oriented identity of recruitment, room for improvement of management contract, gap of market-oriented differentiation of salary, insufficient institutionalization of exit, and improvement of training and supervision mechanism.

At the level of practice, according to the central and local SOEs' practice, the typical way to carry out professional manager system in SOEs can be summarized as four patterns, "four modernizations management approach", "existing leaders turn around approach", "market-oriented approach", "market-based selection of individual positions". Taking China Resources Holdings, COFCO, Xinxing Cathay International Group, Shenzhen Investment Holdings and Henan Energy & Chemical Group as typical cases, this paper analyzes the practical exploration of professional managers in SOEs carried out by central and local SOEs.

  This book holds that the promotion of professional manager system in China's SOEs is a systematic institutional innovation, which should be carried forward gradually according to the historical track and realistic basis. By adhering to the direction of macro reform, the strengthening of the CPC's leadership and market-oriented development should be unified. Following the principle of meso reform, we should carry out the reform in different categories, levels and stages, with priority and weight. We will promote the micro reform model, further improve the main aspects of "market-oriented selection and employment, contractual management, differentiated compensation, systematic training, market-oriented exit, and process-based supervision" and gradually form a professional manager system of SOEs with chinese characteristics.

  Key words: Professional Manager; State-owned Enterprises; System Reform

目 录

一 绪论 ……………………………………………… (1)
　（一）研究背景 ……………………………………… (1)
　（二）研究意义 ……………………………………… (3)
　（三）研究框架 ……………………………………… (5)

二 国有企业职业经理人制度的理论基础 …………… (9)
　（一）国有企业职业经理人制度的概念界定 ………… (9)
　（二）国有企业职业经理人制度的基本理论 ………… (31)
　（三）国有企业职业经理人制度的理论启示 ………… (42)
　（四）新时代国有企业职业经理人制度的理论框架 … (47)

三 国有企业职业经理人制度的发展历程 …………… (57)
　（一）中国国有企业职业经理人制度的发展历程 …… (57)
　（二）其他国家国有企业职业经理人制度的发展
　　　　历程 ……………………………………………… (72)
　（三）中外国有企业职业经理人制度的发展历程
　　　　比较 ……………………………………………… (86)

四 中国国有企业职业经理人制度的改革现状 ……… (98)
　（一）国有企业职业经理人制度改革的政策进展 …… (98)
　（二）国有企业职业经理人制度改革的重要进展 …… (105)

（三）国有企业职业经理人制度改革的主要成效 …… （122）
　　（四）国有企业职业经理人制度改革的现存问题 …… （129）

五　中国国有企业职业经理人制度的实践探索 ………… （150）
　　（一）国有企业推行职业经理人制度的典型方式 …… （150）
　　（二）华润集团推行职业经理人制度的改革探索 …… （155）
　　（三）中粮集团推行职业经理人制度的改革探索 …… （165）
　　（四）新兴际华集团推行职业经理人制度的改革
　　　　 探索 ………………………………………………… （175）
　　（五）深投控推行职业经理人制度的改革探索 ……… （184）
　　（六）河南能源推行职业经理人制度的改革
　　　　 探索 ………………………………………………… （191）

六　完善中国国有企业职业经理人制度的方向与模式 … （199）
　　（一）坚持宏观改革方向：党管干部原则与市场化
　　　　 改革相融合 ………………………………………… （199）
　　（二）遵循中观改革原则：分类、分层与分阶段相
　　　　 结合 ………………………………………………… （201）
　　（三）推进微观改革模式：进一步完善"六化"主要
　　　　 环节 ………………………………………………… （204）

参考文献 …………………………………………………… （213）

后　记 ……………………………………………………… （220）

一 绪论

经理人阶层的出现是市场经济高度发达、现代企业制度逐步建立健全的必然产物。职业经理人通过经营管理活动以激活并保持企业生命力，从而促进企业发展，促进社会生产力的发展。可以说，没有一支高水准的职业经理人队伍，现代企业就不能普遍建立，也就不可能形成真正意义上的现代企业制度。

（一）研究背景

职业经理人起源于19世纪中期的美国，迄今已有近180年的历史。其作为所有权与经营权分离背景下的产物，是社会化大生产不断发展和分工持续深化的必然结果。目前，发达市场经济国家中绝大多数规模化经营的企业都已建立了职业经理人制度。伴随着社会主义市场经济的发展，其在我国也有着丰富的实践。在新时代深化国资国企改革的背景下，建立和健全职业经理人制度已成为重要的改革抓手，打造一支专业化、职业化、市场化和国际化的国有企业职业经理人队伍，有利于激活经营管理层活力，进一步完善现代企业制度，不断增强国有经济竞争力、创新力、控制力、影响力和抗风险能力。

党的十八大以来，推行和发展职业经理人制度已成为国资国企改革的重要内容之一。党的十八届三中全会《中共中央关于全面深化改革若干重大问题的决定》首次明确提出要推行职业经理人制度，适度提高管理层市场化选聘的比例，合理确定国企管理人员的薪酬和待遇。2015年9月，《关于深化国有企业改革的指导意见》继续强调推行职业经理人制度，鼓励国有企业按市场化方式对职业经理人进行选拔及管理，加速退出机制的建立和完善，对职业经理人实行任期制与契约化的管理方式。其后，中央陆续出台了《关于国有企业发展混合所有制经济的意见》《关于深化人才发展体制机制改革的指导意见》《关于进一步完善国有企业法人治理结构的指导意见》《中央企业领导人员管理规定》等一系列政策文件，就建立和完善国有企业职业经理人制度进行了多方面的阐述，提出了具体的要求。2020年2月，国务院国有企业改革领导小组办公室印发《"双百企业"推行职业经理人制度操作指引》，明确了"双百企业"在推行职业经理人制度时的范围和职责，同时指出推行职业经理人制度的基本流程与操作要点，为规范实施相关工作提供了重要参考。特别是《国企改革三年行动方案（2020—2022）》提出要健全市场化经营机制，推行经理层成员任期制和契约化管理，加快推行职业经理人制度。与此同时，国有企业职业经理人制度已在华润集团、中粮集团、深投控等多个央企和地方国企开展试点，在扩大市场化选聘、推行任期制和契约化管理、建立与市场接轨的经理层激励制度和差异化薪酬体系等方面进行了积极的探索。

建立和完善职业经理人制度是目前国有企业改革的迫切需求。然而，国有企业职业经理人制度发展并不是一帆风顺，实践中仍存在选聘市场化身份市场化还不够、管理契约化有待提升、薪酬市场化差异化还存在差距、退出制度化仍不够彻底、培养与监管机制还需健全等一系列问题和挑战。

基于上述问题，本研究将在深入调研分析既有实践的基础上，总结有益经验，梳理现存问题，结合理论分析构建国有企业职业经理人制度的总体框架，在依法合规的前提下完善相关工作的实施细则，提出具有可行性的操作导引和政策建议。

（二）研究意义

在全面深化国企改革的进程中，职业经理人制度将有利于我国国有企业进一步完善现代企业制度、健全法人治理结构、激发经营管理层活力、更好适应市场竞争要求、打造具有国际竞争力的企业家队伍和国有企业。

1. 有利于激发国有企业经营管理层活力

人才是"第一资源"，人才资源是撬动其他资源的首要资源，是最重要的起着决定性作用的资源。对于国有企业改革发展而言，人才特别是经营管理者的作用尤为关键。激发国有企业经营管理层活力是国有企业职业经理人制度的初衷，国有企业职业经理人制度研究有助于进一步激发国有企业内在活力、释放企业经理层积极性、培养企业家精神，同时，吸引更多能人志士参加到国有企业的经营和管理活动中，加入企业改革发展大潮。

2. 有利于推进国有企业健全现代企业制度

职业经理人制度是现代企业制度的重要特征和组成部分，在全面深化改革新的历史时期，国有企业推行职业经理人制度对于国有企业现代企业制度的建立具有十分重要的意义。职业经理人制度将进一步改变传统的国有体制的法人治理结构，形成规范和科学的企业治理结构，有助于构建适应市场发展的管理体制和运行机制，进一步规范和完善企业法人治理结构，充分发挥董事会的决策作用、监事会的监督作用、经理层的经营管理作用、党组织的领导核心作用，对于企业按照市场规律和现代企业制度自主经营、自主决策、自我发展都将产生根本性的变革作用。

3. 有利于加快推进国有企业人事制度改革

推行职业经理人制度是我国国有企业人事制度改革的一大突破，国有企业推行职业经理人制度对于加快推进国有企业人事制度改革意义重大。持续深化国有企业人力资源改革，着力破除体制机制障碍，打造一支专业化、职业化、市场化和国际化的国有企业职业经理人队伍，在创新实践中发现人才，在创新活动中培育人才，在创新事业中凝聚人才，努力形成人人渴望成才、人人努力成才、人人皆可成才、人人尽展其才的良好局面，促进国有企业实现速度、质量、效益协调发展。

4. 有利于推动构建具有中国特色的国有企业职业经理人制度

20世纪30年代，美国经济学家伯利和米恩斯提出了"委托代理理论"，提倡将企业所有权和经营权分离，企业所有者将经营权力过渡给职业经理人，保留对利润的剩余索取权。委托代理理论建立在非对称信息博弈论的基础上。随着社会经济的发展，交易形式和交易环境更加复杂多变，拥有资本的企业所有者，因其自身的专业性限制，更倾向于聘请专业化的经营管理人才管理企业。但在掌握信息的时间和内容方面，委托人对信息获取的便捷程度和全面性都不如被委托人，产生了信息不对称问题。在现代化的企业管理制度中，我国国有企业的所有者和经营者实现了分离，履行出资人职责的国资委和企业经营管理的高管层之间存在两层委托代理关系，所有者和经营者之间不断博弈，为我国国有企业职业经理人管理制度研究奠定了一定的理论基础，有利于推动构建具有中国特色的国有企业职业经理人制度。

（三）研究框架

本研究在系统梳理党的十八届三中全会以来关于建立和完善国有企业职业经理人制度的各项改革政策，在全面分析把握当前国有企业职业经理人制度建设理论、现状、实践与问题的基础上，重点从选人用人机制、契约管理、激励约束机制、退出机制、监督管理五个方面研究国有企业职业经理人制度的构建和完善，涵盖市场化选聘、身份转换通道、系统化培训、退出机制、任期制和契约化管理、差异化薪酬分配制度、中长期激励机制和依法合规调动活力等一系列焦点问题，为推进国有企业的市场化经营管理、完善现代企业治理制度提供政策参考。围绕上述目标，本研究可分为以下六个部分内容（详见图1-1）。

一 绪论。对国有企业职业经理人制度的政策背景进行阐述，明确研究问题，并详尽论述研究背景、研究内容和研究框架。

二 国有企业职业经理人制度的理论基础。明确国有企业职业经理人内涵和关键因素的界定，通过挖掘不完全契约理论、委托代理理论、人力资本理论、管理层权力理论等经济学和管理学理论，尝试构建新时代国有企业职业经理人制度的理论框架，对国有企业职业经理人议题进行理论阐释，并从宏观、中观、微观三个层面对新时代国有企业职业经理人制度进行理论架构。

三 国有企业职业经理人制度的发展历程。从历史纵深视角出发，对改革开放以来我国国有企业职业经理人制度的发展历程进行回顾，对应国企改革开放初期、经济转型时期、国资监管时期和纵深推进时期四个阶段，将我国国有企业职业经理人制度发展分为经营管理权不断扩大、集中生产资源配置权、

```
研究思路                    研究内容和框架

┌─────────┐              ┌──────────────────────┐
│ 课题背景 │              │      一  绪论        │
└─────────┘              └──────────────────────┘
                                    ↓
┌─────────┐     ┌─────────────────────────────────────────┐
│         │     │  二  国有企业职业经理人制度的理论基础    │
│ 理论基础│     ├──────┬──────────┬──────────┬────────────┤
│         │     │不完全│ 委托代理 │ 人力资本 │ 管理层权力 │
│         │     │契约理论│ 理论    │  理论   │    论      │
└─────────┘     └──────┴──────────┴──────────┴────────────┘
                                    ↓
┌─────────┐     ┌─────────────────────────────────────────┐
│         │     │  三  国有企业职业经理人制度的发展历程    │
│ 发展历程│     │  ┌──────────────┐   ┌──────────────┐    │
│         │     │  │ 经营管理权扩大│→ │集中生产资源配置权│ │
│         │     │  └──────────────┘   └──────────────┘    │
│         │     │  ┌──────────────┐   ┌──────────────┐    │
│         │     │  │市场化管理模式│ ← │ 行政化管理为主│    │
│         │     │  └──────────────┘   └──────────────┘    │
└─────────┘     └─────────────────────────────────────────┘
                                    ↓
┌─────────┐     ┌─────────────────────────────────────────┐
│         │     │  四  中国国有企业职业经理人制度的改革现状│
│ 改革现状│     ├────────┬──────────┬──────────┬──────────┤
│         │     │重要进展│ 主要政策 │ 主要成绩 │ 现存问题 │
└─────────┘     └────────┴──────────┴──────────┴──────────┘
                                    ↓
┌─────────┐     ┌─────────────────────────────────────────┐
│         │     │  五  中国国有企业职业经理人制度的实践探索│
│ 典型案例│     ├──────┬────────┬──────────┬──────┬───────┤
│         │     │华润集团│中粮集团│新兴际华集团│深投控│河南能源│
└─────────┘     └──────┴────────┴──────────┴──────┴───────┘
                                    ↓
┌─────────┐     ┌─────────────────────────────────────────┐
│ 政策建议│     │ 六 完善中国国有企业职业经理人制度的方向与模式│
└─────────┘     └─────────────────────────────────────────┘
```

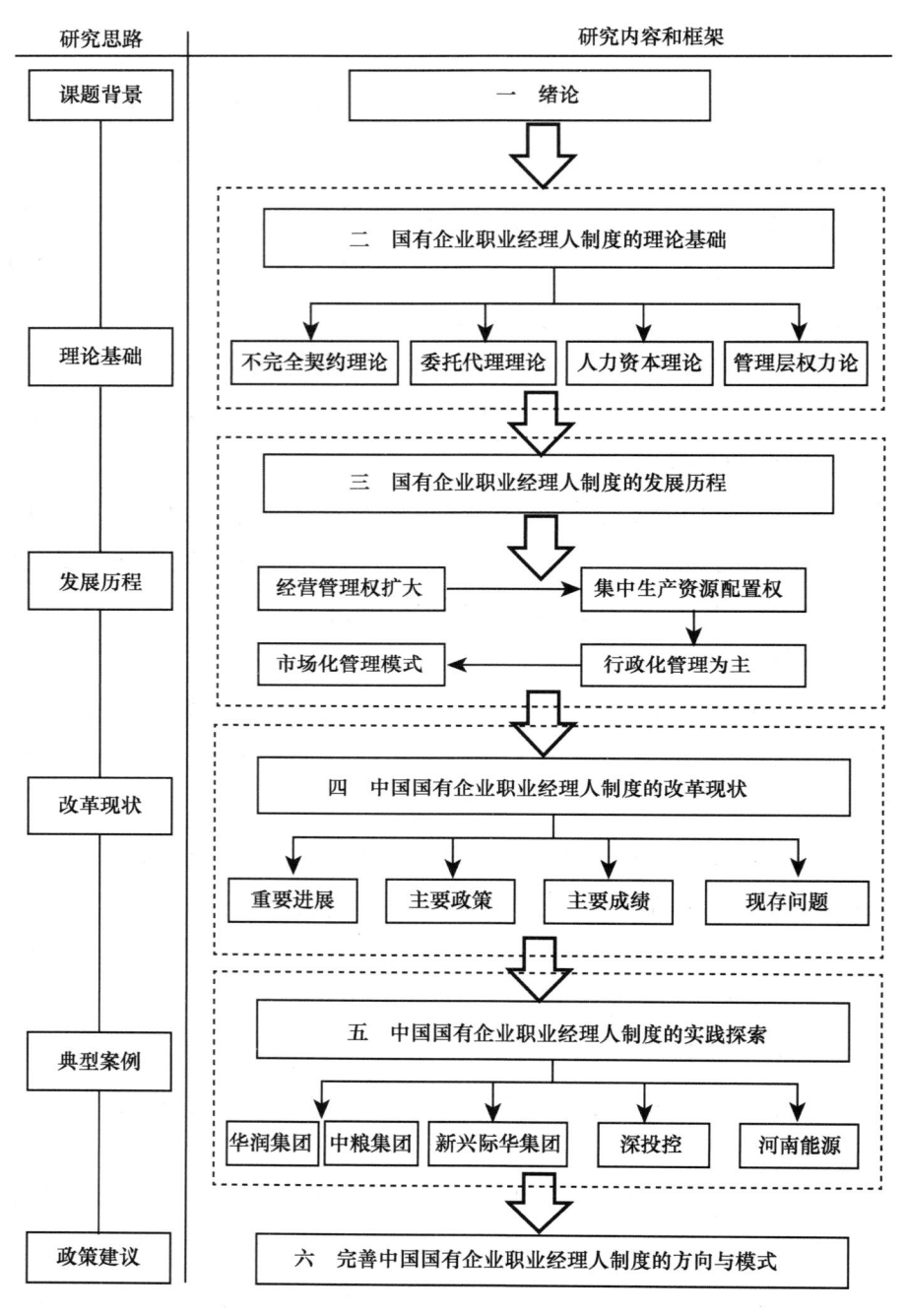

图 1-1 国有企业职业经理人制度研究总体框架

资料来源：作者绘制。

以行政化管理为主和转向市场化管理四个阶段，回顾总结国有企业职业经理人制度的发展脉络。对西方国家国有企业职业经理人制度的发展历程进行回顾，进而比较中西方国有企业在职业经理人发展方面演变的相同点和不同点。

四　中国国有企业职业经理人制度的改革现状。政策出台方面，以党的十八大为时间节点，对有关国有企业职业经理人制度的主要政策进行梳理，明确党的十八大以来国有企业职业经理人制度的顶层设计和改革要求。重要进展方面，对中央企业子公司层面先行试行，地方省份积极深化和加速推进国有企业职业经理人制度进行概括。主要成绩方面，从董事会职权、三项制度改革、去"行政化"、激励约束机制等方面出发，对国有企业职业经理人制度的主要成绩进行总结。党的十八大以来，一些国有企业按国家文件精神积极探索和试行职业经理人制度，取得了一些改革成效，仍存在不少问题，如选聘市场化身份市场化还不够、管理契约化还存在提升空间、薪酬市场化差异化还存在差距、退出制度化仍不够彻底等。通过精准把握当前国有企业职业经理人制度的现存问题，为后续提出改革思路和政策建议提供方向。

五　中国国有企业职业经理人制度的实践探索。对当前国有企业推行职业经理人制度的典型开展方式进行概括总结，分为"四化管理方式""现有领导人员转身方式""市场化的经理人方式""个别岗位市场化选聘方式"四种模式。以华润集团、中粮集团、新兴际华集团、深投控、河南能源等为典型案例，对其在扩大市场化选聘、建立与市场接轨的经理层激励制度和差异化薪酬体系等方面进行的积极探索进行基本做法、主要经验总结提炼，为国有企业建立符合自身特点的职业经理人制度提供借鉴和启示。

六　完善中国国有企业职业经理人制度的方向与模式。针对关键性、全局性的突出问题，瞄准改革的痛点、堵点、难点，就系统推进国有企业职业经理人制度的完善形成政策建议，以辅助相关顶层制度设计的出台。按照宏观改革方向、中观改革原则、微观改革模式三个方面进一步展开，具体对市场化选聘、契约化管理、差异化薪酬、体系化培训、市场化退出、流程化监管六个方面加以分析。

二　国有企业职业经理人制度的理论基础

有关国有企业职业经理人的研究已累积了大量文献，许多研究运用国外已有的理论范式从不同视角对职业经理人制度进行了分析，但由于国有企业的特殊性，直接运用这些理论范式无法全面地理解国有企业职业经理人制度。因此，本章将在对国有企业职业经理人制度相关概念进行分析界定的基础上，梳理已有的理论基础、总结理论启示，并从宏观、中观、微观视角构建了国有企业职业经理人制度理论框架。

（一）国有企业职业经理人制度的概念界定

职业经理人制度在推进完善国企公司治理、健全市场化运行机制、深化国资国企改革等方面发挥了巨大作用，有序推动了国企管理人员能上能下、能进能出、收入能增能减的制度创新。本节围绕国有企业职业经理人的概念界定以及国有企业职业经理人应具备的关键因素展开研究和讨论。

1. 国有企业职业经理人的界定
（1）职业经理人的界定

职业经理人的概念是由法国学者萨伊率先提出，他认为职业经理人是可以凭借自身职权，从而最大限度整合企业内部经济资源、提高企业生产率和产量能力的人,强调职业经理人卓越的业务能力。[1] 在此基础上,管理学大师德鲁克则表示,职业经理人还必须是能够有效承担企业绩效责任的人。[2] 在德鲁克看来,职业经理人不仅需要具备精湛的业务能力,还必须忠于委托人,以绩效为导向。

本研究认为职业经理人是在所有权和经营权分离的背景下,承担企业法人财产保值增值责任,并全面接管经营管理业务的人。他们均是职业经理人市场上的管理专家,通过薪酬、股票期权等方式受聘于企业,担任高级管理职务,同时拥有企业法人财产的绝对经营权和管理权。

(2) 国有企业职业经理人的界定和范围

综合国有企业职业经理人制度建设的探索实践以及理论研究,关于国有企业职业经理人的界定存在两种观点:一是狭义上的国有企业职业经理人,即国有企业的高级管理人员;二是广义上的国有企业职业经理人,不仅包括高级管理人员,还包括中层管理人员和基层管理人员。其中,国有企业的中层管理人员指的是具有一定知识和实践经验,并能够承担相对重要管理工作的、处于中等级别岗位的管理者。不同级别国有企业的中层管理人员称谓有所不同。例如,部级国有企业的中层管理者主要包括部长与主任、部级国有企业分公司经理和分厂厂长等;厅级国有企业的中层管理者主要包括室长与室主任、厅级国有企业分公司经理和分厂厂长等;处级国有企业的中层管理者主要包括经理、分厂厂长和科室长等。而国有企业的基层管理人员则指直接负责生产任务并带领一线员工完成既定指标的管理者,例如业务主管、班长、组长

---

[1] 萨伊:《政治经济学概论》,商务印书馆1963年版。
[2] Drucker Peter F, *The Effective Executive*, New York: Harper & Row, 1966。

和小组长等。①

根据《"双百企业"推行职业经理人制度操作指引》（以下简称《操作指引》），国有企业职业经理人指的是按照"市场化选聘、契约化管理、差异化薪酬、市场化退出原则选聘和管理的，在充分授权范围内依靠专业的管理知识、技能和经验，实现企业经营目标的、除组织任命的干部以外的高级管理人员"。《操作指引》进一步指出，国有企业职业经理人的范围主要包括总经理、副总经理、财务负责人和按照公司章程规定的其他高级管理人员。

考虑到国有企业推行职业经理人的初衷以及其作为关键少数的特性，本研究结合实际将研究范畴确定为狭义的国有企业职业经理人，即除组织任命的干部以外的高级管理人员，范围主要包括总经理、副总经理、财务负责人和按照公司章程规定的其他高级管理人员。

2. 国有企业职业经理人的关键因素

国有企业的性质决定了国有企业职业经理人的特殊性，本研究在借鉴胜任力模型的基础上认为，国有企业职业经理人具备四个关键因素，分别是政治品格、领导能力、工作作风以及心理素质（见图2-1）。

（1）政治品格

政治品格是国有企业职业经理人最基础的因素。国有企业在国民经济中的地位和作用决定了国有企业的职业经理人需要讲求政治品格，不断培养既从经济视角又从政治角度思考问题的能力。具体而言，国有企业职业经理人的政治品格主要体现在以下三个方面：

---

① 左蕊：《基于胜任力模型的国有企业基层管理者培训需求研究》，《中国中小企业》2020年第11期。

```
                    国有企业职业经理人的关键因素
          ┌──────────────┬──────────────┬──────────────┐
        政治品格        领导能力        工作作风        心理素质
     ┌──────────┐   ┌──────────┐   ┌──────────┐   ┌──────────┐
     │政治立场与政治│   │科学决策能力│   │强烈的群众观点│   │  稳健沉着 │
     │   信念    │   │          │   │          │   │          │
     ├──────────┤   ├──────────┤   ├──────────┤   ├──────────┤
     │大局意识责任意识│ │开拓创新能力│   │正确的政绩观│   │  沉静清醒 │
     ├──────────┤   ├──────────┤   ├──────────┤   ├──────────┤
     │民主集中制原则│   │高超管理能力│   │  奋斗精神 │   │  处变不惊 │
     └──────────┘   └──────────┘   └──────────┘   └──────────┘
```

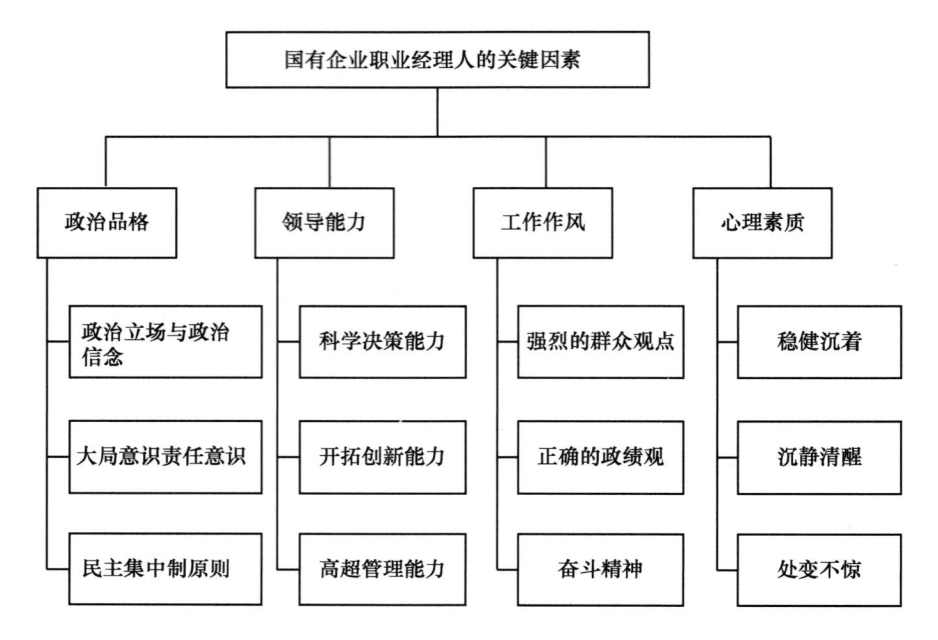

图 2-1　国有企业职业经理人的关键因素

资料来源：作者绘制。

第一，国有企业职业经理人需要具有坚定的政治立场与政治信念。这要求他们①始终坚持并全面理解贯彻党的基本路线、方针与政策，牢固国有企业改革与发展的大方向；②自觉维护国有企业党组织的政治核心地位，坚持党对企业的政治领导；③增强政治辨别力与判断力，把握时代脉搏，正确分析国内形势。

第二，国有企业职业经理人需要具有大局意识和责任意识。这要求他们①以宽广的眼界审时度势，并以政治家的眼光权衡利弊与得失；②正确处理整体利益与局部利益、长远利益和眼前利益的关系，同时谋求整体利益和长远利益；③认知到国有企业承担的政治与社会责任，同时领导企业员工担负起国有企业在国民经济中的骨干与支柱作用。

第三，国有企业职业经理人需要贯彻执行民主集中制原则。这要求他们在具体的经营管理工作中贯彻落实民主集中制原则，注重疏通民主渠道，加强企业民主作风建设。例如，有关重大事项的决策必须在深入调研的基础上，通过会议等形式给予参加者充分思考和交换意见的空间，避免一言堂。

（2）领导能力

领导能力是国有企业职业经理人最核心的要素。国有企业兼顾经济性与社会性的特征要求职业经理人具有多元化的领导能力。具体而言，国有企业职业经理人应具有以下三种领导能力：

第一，国有企业职业经理人需要具有科学决策能力。这要求他们①树立终生学习的理念。如何才能具有科学决策能力，还是要从学习中来，学以致用、融会贯通是提升决策能力的基础；②于错综复杂的市场环境中保持清醒头脑，并对有关国有企业发展的事项做出最优决策；③坚持主客观相结合、经验应用与理性思维相结合、自主决策与集思广益相结合的决策原则。

第二，国有企业职业经理人需要具有开拓创新的能力。这要求他们①适时适宜并创造性地修订国有企业的发展战略与计划方案以确保组织有效运行；②不断进行观念创新和管理创新，以创新技术、产品与市场，从而更好地迎接经济全球化、发展多样化及环境动态化的挑战；③深入学习挖掘、整合与应用各种资源的能力，以总结历史经验、推动工作创新。

第三，国有企业职业经理人需要具有高超的管理能力。这要求他们①塑造具有国有企业特色的企业文化以凝聚人心；②懂经营管理之策、会选人用人之道、善聚财理财之术；③严明制度、奖罚分明，同时注重情感管理，从而最大限度地调动员工积极性。

（3）工作作风

工作作风是始终贯穿于国有企业职业经理人经营管理过程的要素。国有企业职业经理人必须坚持以马克思主义为指导，以最广大人民群众的根本利益为最高标准,将党的路线方针与政策以及国有企业的远大目标化为切实可行的工作任务,脚踏实地、一步一个脚印地带领职工发展壮大国有企业。具体而言,国有企业职业经理人的工作作风体现在以下三个方面:

第一,国有企业职业经理人需要具有强烈的群众观点。这要求他们①在思想上尊重群众,把群众满意、社会认可作为工作要求和作风;②在感情上贴近群众,正确看待和使用权力;③在行动上深入群众,把事情办到群众的心坎上。

第二,国有企业职业经理人需要具有正确的政绩观。这要求他们①尊重客观规律,坚持一切从企业的实际出发,实事求是;②在企业管理中,求真务实、埋头苦干,把全部精力用在把国有企业做大做优做强上;③做好事实事,为党尽责、为民造福,而不是一切为自己树形象、谋利益。

第三,国有企业职业经理人需要具有锲而不舍的奋斗精神。这要求他们①敢于正视国有企业改革与日常运营进程中的矛盾和问题,并寻求矛盾与问题的解决之道;②敢于直面困难,并认真探索解决之策;③善于在克服困难、化解困难、解决问题中,抓落实、促发展和出实绩。

(4) 心理素质

心理素质是国有企业职业经理人自我完善、充分履行领导职能,并提升领导水平的重要保证。面对波动的外部环境、复杂的内部情境以及利益诱惑等,国有企业职业经理人需要提高心理韧性、沉着应对挫折和困难,不断强化自我管理与自我调节,提升对人与事的判断能力,适时纠正心理偏见、养成廉洁心理。具体而言,国有企业职业经理人的心理素质体现在以下三个方面:

第一,国有企业职业经理人需要稳健沉着。这要求他们修炼自我心性与涵养,培养宽广的心胸、长远的洞察力以及通脱达观的处世态度。

第二，国有企业职业经理人需要沉静清醒。这要求他们在日常经营管理中准确判断，以自省之心静观变局，以静制动、出奇制胜，为企业赢得竞争优势。

第三，国有企业职业经理人需要处变不惊。这要求他们承受住时代与环境变化带来的挑战，始终冷静并理智地进行分析与决策。

3. 国有企业职业经理人的一般性和特殊性

改革开放四十多年以来，国有企业、民营企业以及跨国公司均取得了较大发展，并已形成了一批规模庞大的职业经理人群体，他们在推动我国各类企业进一步发展中发挥了重要作用。就国有企业职业经理人制度而言，国有企业的性质决定了其对职业经理人的要求和评价与其他所有制企业不同，仅参照职业经理人的一般性实施，难以解决国有企业的治理难题。但不可否认的是，国有企业职业经理人也具有职业经理人的一般特征和规律。本研究拟围绕国有企业职业经理人的一般性及特殊性展开讨论，以便深入了解国有企业职业经理人的特点。

（1）国有企业职业经理人的一般性

国有企业职业经理人本质上仍然是职业经理人，具有与其他所有制企业（民营企业和跨国公司）职业经理人相同的一般属性。本书从职业经理人的背景、内涵以及职业特征三个方面阐释国有企业职业经理人的一般性。

第一，职业经理人的背景。国有企业职业经理人的产生与其他所有制企业职业经理人相似，都需要满足三个基本条件：生产力高度发展、所有权和经营权分离以及现代企业制度的形成与不断完善。具体而言，他们都是在企业生产力高度发展和专业分工不断完善的客观基础上产生的；源于企业所有权和经营权的分离；且是在现代企业制度形成与不断完善的制度基础上发展起来的。

第二，职业经理人的内涵。国有企业职业经理人与其他所有制企业职业经理人的内涵相似，他们都具有特殊的人力资本，都是生产要素的组合、企业创新的推动者、企业资产配置的决策者以及高级管理人员。具体而言，他们都具有其他管理者缺少的经营管理知识和才能，是具有稀缺性的人力资本；具有特殊素质（判断力、忍耐力等）并作为掌握监督和管理其他生产要素才能的"组合人"，同时也是企业财富创造的关键人；作为企业家对企业创新贡献力量；能够根据企业的内外部情境及组织业务合理地配置资源，是企业资源配置的重要决策者；在企业中担任重要职位，是高级管理者。

第三，职业经理人的职业特征。国有企业职业经理人的职业特征与其他所有制企业职业经理人相似，他们从事的均是代理工作，都具有两重性、高风险性和高报酬特征。具体而言，他们都是委托代理关系的代理方，以经营企业为职业，从事的是一种代理行为；具有两重性，一方面，他们受聘于企业所有者并开展经营管理业务，因此对于企业所有者而言，他们是"打工者"，但另一方面，他们在企业中全面的经营管理权又使其有决定一般员工去留的权力，因此对于企业一般员工而言，他们又是"老板"；面临着较大风险，比如经营风险、市场风险、财务风险、法律风险、决策风险以及政策风险等，需要他们有顽强的意志及较高的风险承受能力；以特殊的人力资本在企业发展中承担不可替代的作用，而遵循市场化的规律，他们相应地获得了较高的报酬。

（2）国有企业职业经理人的特殊性

与民营企业和跨国公司相比，国有企业的独特性决定了国有企业对职业经理人的要求和评价不同于其他所有制企业，本书从职业经理人的引入动机、基本原则、责任、能力要求、选聘及退出机制等方面，将国有企业职业经理人与民营企业、跨国公司职业经理人进行比较，以阐释国有企业职业经理人的特殊性。

第一，职业经理人的引入动机。在职业经理人的引入动机上，三类企业的引入动机不同。国有企业引入职业经理人制度的主要目的是深化国有企业改革，充分激发经营管理群体的动力，释放他们的活力与创造力，提升其干事和创业的激情，进而增强国有企业活力与组织效能；民营企业引入职业经理人主要是为满足企业发展的阶段性需求，因为随着民营企业的不断发展与壮大，企业经营管理者的知识与能力难以匹配时代与企业发展的步伐，同时资本运作及企业的国际化发展也需要借助职业经理人的专业能力；而跨国公司引入职业经理人则主要是通过职业经理人来确保子公司与母公司文化与战略目标上的一致性，并在此过程中培养具有国际水平的本土化职业经理人，推进企业的本土化进程。

第二，职业经理人基本原则。在职业经理人遵循的基本原则上，三类企业各有特色。由于国有企业兼具政治、经济和社会属性，因此国有企业职业经理人需坚持党的领导及党管干部的原则，同时将加强党的领导与市场化发展统一起来，建设中国特色现代职业经理人制度；民营企业的职业经理人制度遵循完全的市场化原则，因为企业引入职业经理人的主要目的是谋求发展，完全市场化的原则符合其引入职业经理人的动机；而跨国公司的职业经理人制度则遵循国际化管理原则，因为跨国公司一般会沿用母公司的人才管理体系，侧重对职业经理人的国际化培训。

第三，职业经理人的责任。在职业经理人需要承担的责任上，国有企业的职业经理人除了需要承担与民营企业、跨国公司职业经理人相同的经济责任以外，还需要承担政治责任和社会责任。就政治责任而言，国有企业职业经理人需要承担起将党的路线方针政策、党中央重大决策部署等落实为国有企业的具体工作目标、任务和措施，将政治建设摆在企业首位，强化政治忠诚度并提升政治能力的责任。就社会责任而言，国有企业职业经理人需要不断提升国有企业的核心竞争力，保证国有资产保值增值，维护市场秩序，增加社会整体财富积累，促进社会文明以及环境可持续发展。

第四，职业经理人的能力要求。在对职业经理人的能力要求上，国有企业职业经理人除了需要具备与民营企业、跨国公司相同的专业能力外，还需要具有较高的政治素养，思想与行为不能脱离党的领导，并在日常工作中接受党的纪律监督。此外，跨国公司的职业经理人还要有一定的跨文化思维、跨文化沟通的能力。

第五，职业经理人的选聘方式。在对职业经理人的选聘上，除了外部招聘和内部培养职业经理人以外，我国国有企业职业经理人还存在一个特殊来源，即企业原有高管身份转换。严格意义上，我国国有企业的原有高管既不是政府官员，也不是真正的职业经理人，而是兼具政府官员和职业经理人特征的高级管理人员。因此，国有企业实施职业经理人制度的一个关键问题是解决现有高管向职业经理人的转换，即将国有企业原有高管转换为职业经理人。此外，跨国公司职业经理人的选聘还存在总公司委派的方式，主要来源于跨国公司的内部，同时其外部招聘的过程也相对封闭。

第六，职业经理人的退出机制。在职业经理人的退出机制上，民营企业和跨国公司职业经理人的流动相对较为灵活，退出机制畅通。而国有企业职业经理人制度一直面临退出困难的问题，尤其是由内部高管转化而来的职业经理人更是无法完全遵循市场原则实施解聘。例如，新兴际华集团职业经理人采取解聘后只保留工程、经济、会计、政工等相应系列职称岗位和《劳动合同》的普通员工身份，不再安排其他经理职位的退出方式。

综上所述，本研究认为民营企业推行职业经理人的显著特征主要体现在其完全按照市场规则运行管理，跨国公司推行职业经理人的显著特征主要体现在其对职业经理人的国际化管理上，而国有企业职业经理人的显著特征则主要体现在党管干部原则与市场化改革的有机结合上。

表2-1　　国有企业与民营企业、跨国公司的职业经理人比较

	国有企业	民营企业	跨国公司
引入动机	深化国企改革、提升国企活力	企业发展	延伸母公司管理制度
基本原则	党管干部与市场化改革有机结合	完全市场化	国际化管理
责任	经济绩效、政治绩效和社会绩效	经济绩效	经济绩效
能力要求	政治素养、专业能力	专业能力	专业能力、跨文化能力等
选聘方式	内部转换、外部招聘、内部培养	外部招聘、内部培养	总公司委派、内部培养
退出机制	退出困难	市场原则	市场原则

资料来源：作者绘制。

专栏一：美的集团推行职业经理人制度经验

一　集团简介

美的集团是一家集消费电器、暖通空调、机器人与自动化系统、智能供应链、芯片产业、电梯产业的综合性科技集团，旗下拥有美的、小天鹅、东芝、华凌、美芝、库卡等十余个品牌。美的集团由何享健于1968年，带领22位顺德北滘居民集资5000元创立而成。1992年，何享健实施股份制改革并成立了广东美的集团股份有限公司。1993年，美的电器在深交所挂牌上市。2005年，何享健离任美的电器总裁并由职业经理人方洪波接任。2008年，何享健又辞去美的电器董事长职务并由现任

美的电器总裁方洪波接任。2012年，何享健再次将美的集团董事长职务交由现任美的电器董事长和总裁方洪波接任。自此，美的集团高级管理职务均由职业经理人方洪波接任，美的集团的家族二代何剑锋仅持有美的集团股份而未参与任何经营业务。2013年，美的集团以换股吸收的方式合并了美的电器，完成整体上市，同时美的电器的法人资格取消。美的集团上市后，何氏家族合计持有集团36.64%的股权，何享健仍然是集团的实际控制人。在集团上市后的一个月，美的集团原总裁黄健辞职。2014年，集团元老级董事兼副总裁董其武和黄晓明也相继辞职。自此，美的集团完全进入了职业经理人方洪波的时代。[1] 此后，美的集团在方洪波的带领下取得了显著发展。2016年，美的集团首次进入《财富》世界500强名单并列第481位，到2021年集团已在《财富》世界500强名单中列第288位。2020年全年营业收入2857亿元，居我国家电行业第一位。

二 主要做法

（一）注重对职业经理人的战略性培养

重视战略性地培养职业经理人，不仅要树立培养职业经理人的战略性思维，更是在其发展过程中有意识地培养职业经理人队伍。

第一，树立培养职业经理人的战略性思维。1966年，美的集团创始人何享健在对集团出现的首次业绩下滑问题深入剖析的过程中，就树立了培养职业经理人的战略性思维。他开始逐步在集团内部选拔职业经理人担任要职。比如，何享健在1997年力排众议，将方洪波（现任美的董事长）从内刊编辑提拔为主管空调销售业务经理。

---

[1] 张京心、廖子华、谭劲松：《民营企业创始人的离任权力交接与企业成长——基于美的集团的案例研究》，《中国工业经济》2017年第10期。

第二，有意识地培养职业经理人队伍。美的对职业经理人队伍的有意识培养主要体现在三个方面：一是针对新员工的培养计划与职业生涯规划编制；二是针对骨干员工的出国学习培训与继续教育支持；三是针对后备人才培养的员工轮岗制度与后备干部培训制度。

（二）推进制度创新为职业经理人保驾护航

自创立之日起，美的集团就紧抓改革机会，不断进行制度创新，为职业经理人制度保驾护航。

第一，股份制改革。1992年，何享健抓住顺德市股份制改革的机遇，利用股份制改革的契机，突破了资源不足的发展瓶颈，并在同年成立了广东美的集团股份有限公司，为集团的职业化管理奠定基础。

第二，产权改革。在经历1996年业绩下滑后，何享健意识到改变现有管理模式对解决困境的重要性，但解决机制的前提是明晰产权。于是，何享健开始了长达10年的股改之路。到2000年，美的集团顺利完成了MBO收购，明晰了自己的产权。与此同时，美的还进行了股权占比的调整，包括：降低何氏家族持有的美的股权占比、引入机构投资者、增加职业经理人的股权等，从而在分散股东权力的同时，形成了何氏家族、机构投资方以及职业经理人的三方合力，有效约束了职业经理人的机会主义行为。

第三，事业部改革。1997年，美的集团开始进行事业部改革，并建立了5个事业部。2000年，集团又全面推进事业部制公司化，即事业部管理下的二级子公司运作方式，以改革集团体制，促进了集团的职业化道路。

第四，彻底的职业经理人改革。2001年，美的集团下发了关于取消干部行政级别、推行职业经理人制度的决定，不再套用集团的干部行政级别，统一和规范职务名称、规范并完善职务的竞聘机制、实施岗位职级序列工资制等。

(三) 实施职业经理人的规划性聘用

"20世纪60年代用北岭人,70年代用顺德人,80年代用广东人,90年代用中国人,21世纪用全世界的人才",这句话深刻体现了何享健在美的集团对职业经理人的规划性选择与聘用。具体而言,美的集团对职业经理人的规划性聘用集中表现在集团根据不同时期企业的发展实况有选择地聘用职业经理人上。[①]

第一,20世纪六七十年代,美的集团处于创立与发展的初期,集团高度依赖创始人何享健,无须引入职业经理人。

第二,到了八九十年代,美的集团处于快速上升时期,这是美的引入职业经理人并实现去家族化的关键时期,美的也抓住了这一契机。

第三,进入21世纪以后,美的集团处于突破发展时期,集团需要大量的专业人才,因此除了接收全国各地的高校毕业生以外,还接收了众多海外留学生,为职业经理人的国际化以及集团未来的国际化发展打下了基础。

(四) 构建充分授权制度,促进职业经理人成长

美的集团促进职业经理人成长的充分授权制度主要体现在十六字方针及《分权手册》上。

美的集团成立初期,何享健便制定了关于授权的十六字方针——"集权有道、分权有序、授权有度、用权有度",给予职业经理人足够的空间,使得美的的职业经理人拥有企业家一样的权利。

此后,何享健更是在集团内部印发了《分权手册》,明确规定了集团经营管理流程中所有重要决策权的归属,为美的构建充分的授权制度提供了保障。《分权手册》不仅列举了集团170项业务部门与事业部的职能与作用,也明确了各项业务提案、审核、会签、审批、备案与备注的流程,使得集团能够在集权

[①] 冯悦:《美的集团的职业经理人制》,《企业管理》2011年第9期。

与分权之间寻找到恰当的平衡点，构建并完善集团内部的分权与授权制度。

（五）完善职业经理人的激励与约束机制

在针对职业经理人的激励与约束机制上，美的集团的特色在于激励中有约束，约束中有激励。到2018年年底，美的集团构建的中长期激励机制包括基于股权的财富共享以及基于共同目标与价值观的利益分享，涵盖了战略决策、人力资源管理、收益分配激励制度、财务管理、企业文化等方面。同时，集团通过内部人持股、机构投资者持股等手段构建了股权均衡的治理结构，有效防范了职业经理人制度的委托代理问题。

一方面，美的集团的激励机制主要体现在股权激励上，具体而言，集团形成了针对高管层级的合伙人计划、针对中层管理者的限制性股票计划以及针对核心骨干的期权计划的三个激励层次。在制定针对不同群体选择合适的激励模式时，集团考虑到了激励的约束性、出资风险承受能力等，遵循了核心对象重点激励的原则。

另一方面，美的集团的约束机制主要体现在目标约束、审计约束、纪律约束和法律约束四个方面，其中财务预算、审计和纪律监察组织体系的完善为集团构筑了强大的组织约束机制。在此基础上，通过构建完整的组织体系、制度体系，美的集团建立起了严格的约束机制，不仅避免了权力的过度集中，也在很大程度上防止了分权后的权力滥用。

（六）推进健康的职业经理人文化建设

文化是企业的灵魂，经过创始人何享健多年的努力，美的集团形成了健康的职业经理人文化。何享健被称为最重视人才的企业家，强调以人为本、科技为先的理念。在创业的几十年里，他一直坚定地致力于推进健康的职业经理人文化与管理体制建设，使得依靠职业经理人成为集团的文化基因。例如，何享健在强调"铁饭碗"情结的20世纪90年代初，便开始重金聘用良才并劝退所有的创业元老，以抢占人才高地。同时，不用家人、旧人的原则更是为集团避免了裙带关系，实现了企业的去家族化，构建了健全的职业经理人制度和良好的文化氛围，规范了企业的现代化发展之路。

三 典型经验

面对机制改革及经营权交接的挑战，2012年，何享健宣布不再担任集团董事长职务，由方洪波接替其担任美的集团董事长兼任美的电器董事长和总裁。这一调整完成后，美的集团完成了集团创始人与职业经理人间的交替，正式进入全面的职业经理人时代，集团董事及高级管理者均由清一色的职业经理人担任。2012年至2020年，美的集团在职业经理人方洪波的带领下营业收入与净利润增长显著，营业收入从680亿元增长到2177亿元，净利润从61亿元增长到214亿元。除家电行业整体发展趋势较好外，方洪波带领的职业经理人队伍优异的经营管理能力功不可没。由集团创始人到职业经理人成功接班的过程看似迅速，实则是美的集团创始人何享健十几年的规划与主动交班，其中的经验和成效总结如下：

第一，变革组织，引入职业经理人。1996年，美的集团的主营业务——空调业务首次出现大幅下滑。何享健等人认为，与企业规模不匹配的高度集权以及创业元老们的低专业素养与创新精神是导致这一问题出现的主要原因，集团亟须变革组织经营模式，并为高管团队注入新鲜血液。于是，1997年，何享健开始实施组织变革，废除直线式管理结构，并组建空调、电饭煲、小家电、风扇和电机五大事业部，每个事业部都有自己的利润目标，且能够自己管控成本，从而实现各事业部的产销一体化。自此，美的集团开启了分权模式，形成"集团总部—多个从事专业化经营的事业部—事业部下属经营单位"的管理架构。方洪波便是在这一改革中被委以重任，升任空调事业部国内营销公司总经理的。

第二，过程选拔，重用职业经理人。1998年，在方洪波接管美的空调销售的第二年，美的一举扭转业绩下滑势头，取得了突破性增长，营业收入超过50亿元，并在《1999年中国轻工业年鉴》中位列第五名。① 到2000年，方洪波作为美的"起死回生"的功臣接任美的空调事业部总经理，并在2001年带领空调事业部取得超过55亿元的销售额。同年，方洪波再次被提拔为美的集团副总裁，进入上市公司高管名单。

第三，大胆放权，启用方洪波担任美的电器董事长兼总裁。在职业经理人方洪波的带领下，美的空调业务迅速扩张，方洪波也因此于2002年进入美的电器董事会，担任董事。2005年，方洪波接任了美的电器总裁，成为企业二把手。2007年，方洪波以美的总裁的身份带领公司突破330亿元的销售额，交上了一份令人满意的答卷。2008年，美的创始人何享健同意方洪波提出的美的电器整合并购荣事达、华凌及小天鹅的意见，合并后美的电器迅速扩张其在冰箱和洗衣机等白色家电上的业务。2009年，何享健再次大胆放权，卸任美的电器董事长一职，交由方洪波接任。

第四，全面交班，进入职业经理人时代。2011年，美的营业收入达到了1260亿元，但此时美的又启动了新一轮变革，彻底实施事业部制，并转变经营战略，从规模导向转向产品升级，极大地提升了集团业绩。同年，何享健辞去了美的集团董事长一职。2012年，方洪波正式接任美的集团董事长。此后不久，集团原总裁黄健辞职，方洪波接任美的集团总裁。自此，美的集团进入了全面的职业经理人时代。在方洪波的带领下，美的逐渐发展成为一个真正靠科技与创新能力驱动的，向高端制造业、先进制造业、全球化发展的集团。

---

① 陈莉：《方洪波：用更好的美的致敬伟大的时代》，《电器》2019年第5期。

四 改革启示

(一) 及早规划并培养职业经理人

及早制定传承规划对家族企业的可持续发展至关重要。职业经理人制度中不可避免的委托代理问题是选择职业经理人接班的家族企业不得不直面的现实问题，而这一问题的解决绝非一蹴而就。所有权与经营权分离造成的所有者与经营者之间的信息不对称，可能使家族企业面临高额的委托代理成本，缺乏规划的职业经理人传承可能会扩大委托代理冲突，进而导致职业经理人接班失败。

从美的集团方洪波接班的过程中可以看出，家族企业的传承需要在创始人亲自主持和元老级管理人员共同参与的情况下，及早地确定传承规划，并悉心培养下一代接班人。家族企业对职业经理人的长期培养有助于增强可能接班的职业经理人与企业间的情感承诺，从而建立起情感约束，同时也有利于避免信息不对称产生的职业经理人逆向选择的问题。

(二) 渐进式地交接领导权

美的集团在领导权传承上采取的是渐进式的领导权交接方式。渐进式领导权交接方式给予接班人充足的时间适应变化，也为企业新旧交替提供了有效缓冲，增强了传承效果。

美的集团领导权的交接始于2009年，终于2012年。美的集团创始人的第一步交接是2009年8月26日，何享健将美的电器董事长职位交由职业经理人方洪波接任。在此之后的三年，何享健才进行了第二步交接，三年的时间让方洪波逐渐适应了工作状态，取得了优异的成绩。同时，何享健也完成了对方洪波的考验。2012年，何享健正式将集团董事长的职务交由方洪波接任，集团开启了全面职业经理人时代。从2009年到2012年，美的集团创始人有条不紊地将手中的权力交给职业经理人方洪波接手，实现了权力的平稳交接。

（三）构建科学的治理结构

构建科学的治理结构有助于减少职业经理人的机会主义行为，降低委托代理成本。美的集团在构建科学的治理结构上做了两个方面的努力，值得我们学习。

一是实现集团整体上市。美的集团整体上市增强了企业的财务透明度，规范了企业行为，维护了股东权益并增加了股权多元化。同时，上市公司严格的信息披露与财报审计制度也使得职业经理人无法操纵企业的业绩情况。因此，有条件的企业可以考虑通过整合上市的方式，规避职业经理人制度的诸多弊端。

二是建立科学的管理制度基础。美的集团创始人何享健一直致力于完善企业管理制度，向现代公司制企业靠拢。例如，集团通过合理分配管理机构权限、明晰职业经理人的责任，并设计股东大会、董事会、监事会与高级管理人员的相互制衡制度来增强内部控制，不仅确保了企业内部监督机制的有效运行，也能够保障企业平稳渡过传承阶段。

专栏二：IBM 推行职业经理人制度经验

一 集团简介

IBM，即国际商业机器公司，是一家集打字机、芯片生产、计算机及有关服务的高科技企业。目前，IMB 是全球最大的信息技术和业务解决方案公司，在全球拥有 31 万多名员工，业务遍及 160 多个国家和地区。1911 年，托马斯·沃森在美国创立了 IBM。除了创始人沃森及其二代小沃森以外，IBM 历届首席执行官均由职业经理人担任。从 IBM 发展的百年历史来看，IBM 传承有三个阶段：第一阶段是老沃森创立 IBM；第二阶段是小沃森把 IBM 发展成伟大的公司；第三阶段是郭士纳等职业经理人不断变革并发展公司。自 1971 年，IBM 便开启了真正意义上的职业经理人时代。2002 年，帕米萨诺继任 IBM 首席执行官。他认识到 IBM 必须不断调整自身硬件生产商的定位，才能适应所处行业正在发生的深刻变化，并提出了随需应变的战略思想。与此同时，当时的 IBM 副总裁对公司是否有足够的职业经理人来匹配这一战略构想，向帕米萨诺提出质疑。此后，帕米萨诺在人才培养、薪酬、激励与约束等方面进行了探索，为公司培养了一批新型职业经理人。在历届职业经理人的努力下，2020 年，IBM 在《财富》世界 500 强排行榜中列 118 位，并在全球专利排行榜中稳居第一位。

二 主要做法

（一）基于战略的职业经理人能力培训

根据实践调研结果，IBM 会基于战略确定对职业经理人的能力要求，并据此开展一系列针对职业经理人的能力培训。2006 年，IBM 聘请合益集团进入公司，开展实地调研。他们采用行为事件访谈法，与公司内的 33 名职业经理人进行访谈，来挖掘优秀的职业经理人特性、品质及最佳行为，并判断是否具有可复制性。在调研后，合益集团发现，转型中的 IBM 在对职业经理人的能力要求中有 1/3 是与以往相同的，1/3 是与以往相似的，另外的 1/3 则与以往完全不同。此外，他们还指出，被调研的 33 名职业经理人都在发挥协作性影响方面表现得很好。由此，IBM 根据合益集团的调研结果，总结并提炼了与公司发展战略相匹配的职业经理人的能力标准，同时开始有针对性地对职业经理人进行能力培训。

（二）人才梯队培养模式

IBM 公司内部有一个职业经理人的成长管道，使其可以通过"新人→专业人员→领导人→新时代开创者"的人才梯队培养模式得以成长。在这个过程中，IBM 不断挖掘潜在的明日之星。在新员工进入 IBM 后，公司会挖掘他们的个性特征，然后遵循二八原理挑选未来之星。其中 20% 的员工会被公司挑选出来参加特殊的培育计划，来强化他们身上的个性特征。比如，

IBM会为这些员工寻找资深员工或者让他们参与轮岗。同时，IBM还设有专业学院以专门培养员工的专业素质与技能。他们遵循的理念是当20%的新员工被调动起来后，剩下的80%也会随之慢慢动起来。

（三）薪酬福利与业绩直接挂钩

在IBM中，职业经理人的薪酬福利结构多样，包括基本工资与福利、奖金与补贴、股票期权等。而职业经理人实际获得的基本工资与福利、奖金与补贴与其所处的岗位、担任的职务、工作表现及业绩直接挂钩。此外，股票期权主要的发放对象为高级管理者及部分表现突出的非高级管理者与技术人员。一般而言，公司发放股票期权采用的是分年梯度发放的形式，以增强长期激励效果。

三　典型经验

IBM在构建职业经理人制度过程中存在一个培养高级领导人才的典型经验，即"长板凳计划"。"长板凳计划"也被称为"继任者计划"。曾负责IBM人力资源的副总裁麦云迪指出，"只有出色的领导者才能使公司成为一家伟大的公司"。百年的发展历程中，IBM通过长板凳计划确保了企业领导人有备无患，从基层到高层，从西方到东方，IBM优秀的接班职业经理人连绵不断。与此同时，IBM也为每个重要的管理职位准备了替补管理者。

人才的梯队培养模式是长板凳计划实施的基础，即挖掘具有接班人潜质的优秀员工。借助人才梯队培养模式，IBM每年都会在全球5000多名中高层管理接班人中，挑选近300人作为重点培养对象或未来的潜在领袖。这些潜在领袖的选拔不是针对某一具体职位，而是一个潜在的企业未来领导力解决计划，由IBM最高级别领导层通过360度评价体系执行，主要考察两个方面，一是任务指标、客户满意度，二是评判是否具备领导者素质。在选拔出来后，对未来领袖的培养是IBM的重点工作，但这些人员也不是完全固定的，表现得不好将会被淘汰，新的参与者将进入，培养主要包括四个阶段。第一阶段是训练各种职业技能，增强专业能力；第二阶段是横向轮调以使其获得不同岗位上的工作经验；第三阶段是实施绩效导向的考核以释放其能力；第四阶段是要求其将个体的成功扩展到团队。同时，为确保这些潜在领导者能够发挥真正的领导力，IBM 会实施职位轮岗，使员工在其职业生涯中能够有多部门的工作经验。因此，在 IBM 中，几乎每一个高级管理职位上的职业经理人的工作年限都不少于 10 年，而且几乎都是从基层做起来的。此外，为培养潜在未来领袖的国际化视野，IBM 也会将他们分派到不同国家工作，接受不同国家文化的洗礼。

但"长板凳计划"也存在问题，主要表现在两个方面：一是后备领导人数多于实际领导岗位问题；二是挖掘出新能力后的职位变动问题。对于"长板凳计划"出现的后备领导人数多于实际领导岗位的问题，IBM 采取的解决措施是建立替补领导系统，即当在职领导休假、开会、离开的时候，就需要把这个职位让出来，给待培养的人来承担，从而给予潜在领导者实践的机会。对于需要更换工作以体现其价值的后备人才而言，IBM 也会给他们提供"换跑道"的机会。

四　改革启示

（一）成熟的职业经理人市场是职业经理人制度的支撑

从 IBM 百年的发展历程上来看，不断成熟的职业经理人市场为公司建立职业经理人制度奠定了基础。同时，职业经理人市场的发展成熟也增强了公司内部职业经理人制度的规范性，二者相辅相成。因此，推进职业经理人市场发展至关重要。具体而言，我国可以从以下两个方面助推成熟的职业经理人市场形成：一是推动更多人才进入职业经理人市场，即增加职业经理人市场的参与主体；二是推动健全职业经理人市场机制，比如，完善职业经理人的评价机制、自由流动机制，并畅通信息披露机制等。

（二）从企业发展实际出发构建职业经理人制度

IBM 在构建职业经理人制度的过程中，充分考虑了企业的发展实际及组织文化特色。IBM 起源于金融家弗林特主导的多家企业合并过程，在成立之初就表现出了股权分散性特征。[①] 因此，IBM 从创建起组织内部便没有人能够完全地主导公司，即使老沃森不断买进 IBM 股票，其持股也从未超过 5%，分散的股权使得那些只有靠实际领导公司创造价值的职业经理人才能够在公司中站得住。对基于中国文化体系下的国有企业而言，职业经理人制度的建设需要不断地探索出符合我国国情的带有国有企业特色的方式。

（三）良好的职业经理人文化是职业经理人制度的基础

从 IBM 的职业经理人制度建设实践上来看，仅仅依靠显性的契约或激励约束制度来防范职业经理人的委托代理风险是不够的。构建良好的职业经理人文化，形成对职业经理人的文化软约束，能够有效增加公司与职业经理人间的信任，是对职业经理人显性约束机制的重要补充。从老沃森开始，IBM 的首席执行官一直恪守"尊重员工、为客户服务和创造股东价值"的治理原则，这一治理原则会对潜在的接班职业经理人产生潜移默化的影响，有助于构筑公司与后续潜在的接班职业经理人间的心理契约。此外，除老沃森和郭士纳以外，IBM 历届首席执行官都是从业务员做起，经过长时间内部培养而成长起来的，这使得 IBM 形成了职业经理人自下而上、自我成长的组织惯性，这种组织惯性也属于良好职业经理人文化的组成部分。

（二）国有企业职业经理人制度的基本理论

追根溯源国有企业职业经理人制度的相关文献，总能够找

---

① 仲继银：《IBM 职业经理人的"善治"奇迹》，《企业家日报》2010 年 4 月 19 日第 B1 版。

到其初始的理论假设或者暗含的理论背景。从国有企业职业经理人研究发展的历史脉络来看，本研究发现经济学与管理学中解释国有企业职业经理人制度的基本理论主要有四个：不完全契约理论、委托代理理论、人力资本理论以及管理层权力论。本研究将围绕国有企业职业经理人的四个基本理论展开分析。

1. 不完全契约理论对国有企业职业经理人的解释

不完全契约理论是近 30 年来迅速发展的经济学分支之一，旨在基于特定交易情境分析合同参与人之间的经济行为与结果。该理论指出，经济活动中各参与方的行为必须受到不完全契约的约束，同时各参与方履约的成本与其相应获得的合法收益成正比。从这一视角出发，企业便是一系列契约关系的集合，包括企业与员工、股东间的内部契约关系及与客户和供应商间的外部契约关系。通常情况下，不完全契约的主体即约定参与双方的责、权、利，包括参与双方各自需要承担的风险和可获取的利益，以及双方需共同分担的风险和共同利益。根据不完全契约理论，职业经理人需要与企业所有者订立有效的契约关系才能进入企业全面接管经营管理业务。而企业董事会倾向于以公司和股东利益为准绳，通过与职业经理人公平议价，并将其薪酬与业绩联系起来以确定其基本薪酬，进而签订契约。[1] 企业与职业经理人签订不完全契约有助于达到企业绩效与职业经理人个人收益最优的均衡状态，[2] 基于此，不完全契约理论是解释

---

[1] Jensen M. C., Murphy K. J., "Performance pay and top-management incentive," *Journal of Political Economy*, 98 (2), 1990, pp. 225–264；姜付秀、朱冰、王运通：《国有企业的经理激励契约更不看重绩效吗?》，《管理世界》2014 年第 9 期。

[2] 张弛：《国有企业高管薪酬研究的理论探索》，《学习与探索》2021 年第 5 期。

职业经理人制度的重要理论工具。

随着不完全契约理论在职业经理人制度研究中的不断深化，国内众多学者开始运用该理论对国有企业职业经理人制度进行分析。有学者指出国有企业与职业经理人签订的契约更加讲求效率。[1] 姜付秀等人也得出了类似的结论，研究指出国有企业职业经理人身份的特殊性、担负的高水平绩效责任以及受到的高强度社会监督，使得他们与国有企业订立的不完全契约相比非国有企业更加看重业绩表现。[2] 但另有学者却得出了完全相反的结论，例如，陈冬华等认为国有企业的薪酬管制政策增加了职业经理人的在职消费行为，进而降低了国有企业对职业经理人薪酬安排的效率；[3] 张敏等也指出国有企业相对非国有企业存在更高的冗员负担，这会降低职业经理人薪酬与绩效间的敏感度。[4] 由此可知，基于不完全契约理论，国有企业通过设计合理有效的薪酬制度来增加职业经理人薪酬与企业经营绩效间的敏感性是关键。但无论是在理论中还是在实践中，借助不完全薪酬契约便可以使职业经理人得到合理薪酬的观点却受到了严重挑战。理论上，我国绝不可能像西方国家一样大幅增加对职业经理人的股权激励，否则将出现职业经理人股权激励过度的负面结果。实践中，不完全契约理论强调的均衡状态在现实中也非常态。鉴于此，在不完全契约理论的指导下，如何发挥国有企业职业经理人的有效性以最大化国有股东的利益成为研

---

[1] 刘西友、韩金红：《上市公司薪酬委员会有效性与高管薪酬研究——基于"有效契约论"与"管理权力论"的比较分析》，《投资研究》2012年第6期。

[2] 姜付秀、朱冰、王运通：《国有企业的经理激励契约更不看重绩效吗?》，《管理世界》2014年第9期。

[3] 陈冬华、陈信元、万华林：《国有企业中的薪酬管制与在职消费》，《经济研究》2005年第2期。

[4] 张敏、王成方、刘慧龙：《冗员负担与国有企业的高管激励》，《金融研究》2013年第5期。

究的重要关注点。①

尽管不完全契约理论指出基于不完全契约理论的国有企业职业经理人薪酬很有可能是有效的,② 但由于契约签订过程中的信息不对称、人的有限理性和交易成本等导致国企与职业经理人订立的契约仍然是不完备的。由此,为最大化国有股东的利益,国有企业与职业经理人不完全契约的订立必须满足两个约束条件:符合职业经理人利益(条件约束);职业经理人所得收益不能小于一般企业为其提供的收益(参与约束)。由此可归纳得到国企如何通过设计不完全契约以最大限度地保障国有股东利益的路径模型,如图2-2所示。

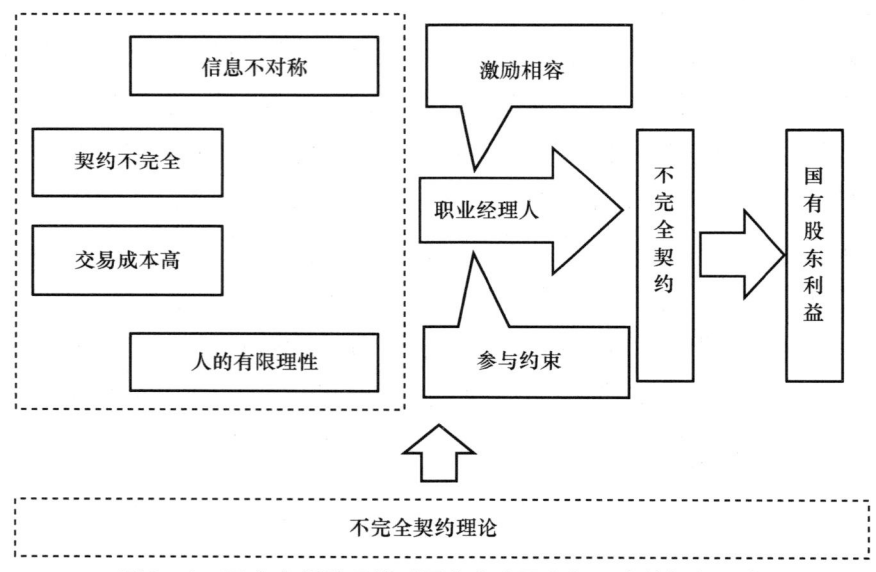

图2-2 不完全契约理论对国有企业职业经理人的解释示意

资料来源:作者绘制。

---

① 吕峻:《股权性质、管理层激励和过度投资》,《经济管理》2019年第9期。

② 刘西友、韩金红:《上市公司薪酬委员会有效性与高管薪酬研究——基于"有效契约论"与"管理权力论"的比较分析》,《投资研究》2012年第6期。

2. 委托代理理论对国有企业职业经理人的解释

委托代理理论是现代企业制度的重要组成部分，产生于20世纪30年代，是由美国经济学家伯利和米恩斯在发现企业所有者兼做企业经营者弊端的基础上发展起来的。他们指出企业所有者如果兼顾经营管理将不利于企业的生产经营活动，进而提倡企业将所有权与经营权分离，并在保障企业所有者拥有剩余索取权的情况下让渡经营权。因此，所有权和控制权的分离产生了委托代理关系。所谓委托代理关系，即指一个人或一些人委托一个人或一些人根据委托人利益从事某些活动，并相应地授予代理人某些决策权的契约关系，通过这一契约，委托人授权给代理人为其利益从事某项活动。但委托代理关系又不同于一般的雇佣关系，委托人授予代理人相当大的自主决策权，而委托人却很难监控代理人的活动，这就产生了与之相对应的代理成本问题，即源自代理人的利己性以及委托人和代理人之间的信息不对称而产生的成本。[1]

不同于一般组织内部的委托代理关系，国有企业内部浓厚的行政化色彩使其内部委托代理关系更为复杂。[2] 一方面，国有企业的委托代理关系层级较多，包括国有资本的委托代理关系（企业外）以及国有企业的委托代理关系（企业内）；[3] 另一方面，国有企业外部的委托代理关系决定了其特殊性质，即政企合一，由此产生的结果是国有企业的委托代理关系具有较强的

---

[1] 李锡元、徐闯：《国企实施职业经理人制度的本质、核心和路径》，《江汉论坛》2015年第2期。

[2] 张维迎：《公有制经济中的委托人—代理人关系理论分析与政策含义》，《经济研究》1995年第4期。

[3] 刘银国：《国有企业公司治理问题研究》，中国科学技术出版社2008年版；王炳文：《从委托代理论视角论继续深化国有企业改革》，《求实》2014年第6期。

行政导向。基于此，国有企业职业经理人制度相比一般企业的职业经理人制度，存在更高的委托代理成本，主要表现为利益诉求不一致和信息不对称而产生的隐藏信息和隐藏行动，以及由此造成的道德风险和逆向选择问题。例如，职业经理人通常具有短期利益诉求（加薪等），而国有企业则追求长期发展；职业经理人隐性的知识、经验和能力导致国有企业难以全面、客观地评判职业经理人，进而增添事后的监督费用、保证费用和剩余损失；职业经理人可利用事后信息不对称性和不确定性，采取不利于国有企业委托人的行为，从而产生道德风险；职业经理人还可以利用事前知晓的不对称信息，采取影响国有企业委托人决策或者选择的行为，即产生职业经理人的逆向选择。这些问题不仅导致国有企业难以引入好的职业经理人，还会破坏国有企业与职业经理人间的信任基础，影响职业经理人与国有企业间的关系，进而制约国有企业现代企业制度的建立与发展。

因此，基于委托代理理论，国有企业职业经理人制度最核心的实践就在于建立起有效的激励约束机制，通过合理地设计契约，并构建有效的激励与约束机制促使职业经理人的行为目标不偏离国有企业的目标。许多研究运用这一理论分析了国有企业职业经理人制度的激励约束机制。比如，Jensen 和 Murphy 肯定了薪酬激励的效果，并指出激励要考虑层次性，激励方式应该多元化，股票期权、利润共享计划、股票赠与等都应该作为激励手段。[1] Jensen 总结了制约企业职业经理人行为的四种方式，分别是董事会的约束、资本市场的约束、法律/政治/规制体系的制约以及产品市场的约束。[2] 总的来说，从委托代理理论

---

[1] Jensen M. C., Murphy K. J., "Performance Pay and Top-management Incentive", *Journal of Political Economy*, 98 (2), 1990, pp. 225–264.

[2] Jensen M. C., "The Modern Industrial Revolution, Exit, and the Failure of Internal Control Systems", *The Journal of Finance*, 48 (3), 1993, pp. 831–880.

视角出发，国有企业委托人（外部与内部）与职业经理人间的利益诉求不一致以及非对称信息滋生了高额代理成本，即隐藏信息、隐藏行动、道德风险和逆向选择，国有企业试图设计合理的监督、激励和约束机制以弱化委托代理成本，从而追求国有企业效益的最大化，便是委托代理理论对国有企业职业经理人制度的解释（见图2-3）。

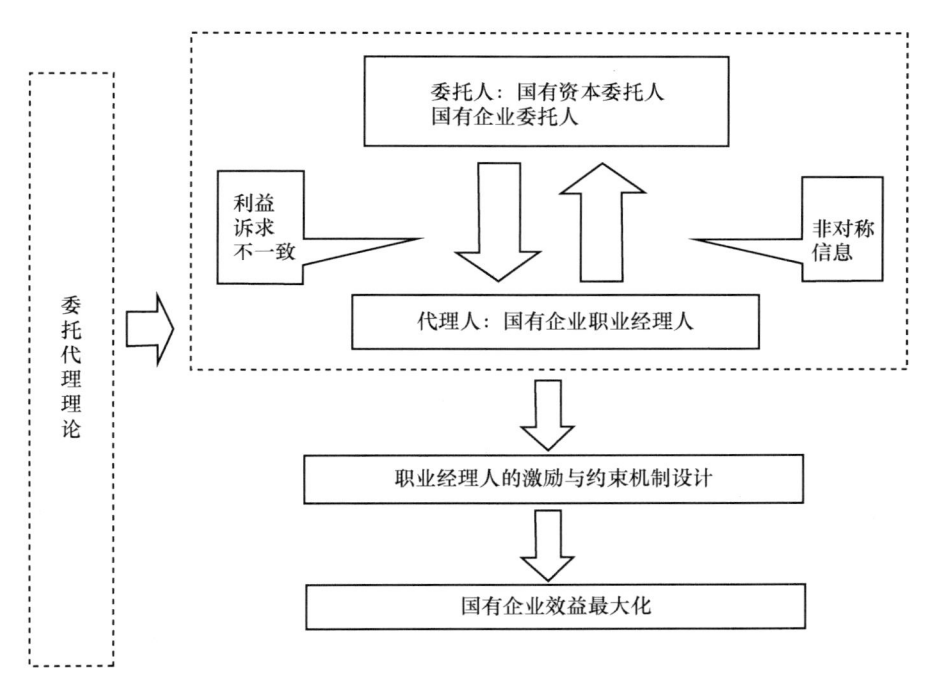

图2-3 委托代理理论对国有企业职业经理人的解释示意

资料来源：作者绘制。

3. 人力资本理论对国有企业职业经理人的解释

人力资本理论最早由美国经济学家舒尔茨和贝克尔创立，该理论识别了人力资本的概念，认为人力资本是个体通过学习、经验积累等，后天努力获得的蕴含在人身上的各种生产知识、劳动与管理技能以及健康素质的存量总和。此外，该理论还指出人力资本的形成需要前期持续的投入，同时人力资本也是一种在市场中可变现的资本。而作为企业战略规划、实施和具体方案制定、执行并监督的重要力量，职业经理人具有明显的异质性人力资本特征。不仅如此，这种特殊的人力资本体现了职业经理人所进行的教育、培训等人力资本投资后的收益，并且该收益主要由市场供需关系决定，市场相对短缺，职业经理人薪酬水平就会提高，反之就高。由此可以看出，人力资本理论是职业经理人制度构建的重要理论基础。

许多研究运用人力资本理论围绕国有企业职业经理人的人力资本特征、分类和选聘展开了不同程度的分析。就国有企业职业经理人的人力资本特征而言，学者们基于胜任素质模型进行的大量研究表明，国有企业职业经理人应该具备政治品格、丰富的经营管理知识、正直守信的道德情操、较强的领导力以及主动性人格、责任感等个性特征。[1] 就国有企业职业经理人的人力资本分类而言，学者们识别了多种不同的职业经理人类型，主要包括资本运营型、技术型、经营型和专家型职业经理人，他们均处于企业的最高端，具有稀缺性和价值性特征。[2] 就国有企业职业经理人的选聘而言，学者们对如何高效选聘职业经理人提出了不同观点。相关研究指出内部选拔的方式适用于采用防御型战略的国有企业，而灵活的市场化选聘措施适用于采用进取型战略的国有企业。由此可以看出，人力资本理论在国有企业职业经理人研究中的应用并非将对职业经理人的管理视为一个全新的系统，而是建立在人力资源管理的基础之上，综合了聚焦"人"的管理学以及关注"资本投资回报"的经济学两大分析维度，并将国有企业中的职业经理人视为人力资本进行投资与管理。同时，根据不断变化的职业经理人市场和投资收

---

[1] ［加］亨利·明茨伯格：《经理工作的性质》，中国社会科学出版社1986年版。

[2] 孙卫敏、夏咏冰：《职业经理人的界定及其人力资本类型分析》，《山东经济》2005年第4期。

益率等信息，及时调整管理措施，以期获得长期的价值回报。

当前，国有企业对职业经理人管理体系的客观要求主要源于职业经理人管理者工作职能的规定，主要包括直线功能、协调与控制功能、职能（服务）功能、创新功能。也就是说，国有企业通过整合人力资源管理的各种手段，激励职业经理人实现更高水平的价值。在国有企业中，基于人力资本理论对职业经理人的管理可以从两个维度进行：第一，对职业经理人外在要素——量的管理。即国有企业根据人力和物力及其变化对职业经理人进行恰当的培训、组织和协调，使二者经常保持最佳比例和有机结合。第二，对职业经理人内在要素——质的管理。即国有企业采用科学方法改善职业经理人的思想、心理和行为，以充分发挥他们的主观能动性，实现企业目标。除此之外，依据伯特的人力资本管理模型，国有企业对职业经理人的管理还应更加注重职业经理人的个人绩效目标与国有企业目标间的互动关系，并结合市场环境与组织内部分工，制订国有企业的投资战略计划，从而更为理性地捕捉市场变化。通过上述分析，可归纳得到基于人力资本理论的国有企业职业经理人的效用模型（如图2-4所示）。

4. 管理层权力论对国有企业职业经理人的解释

管理层权力是指管理层执行自身意愿的能力，体现在公司治理出现缺陷的情况下，管理层所表现出的超出其特定控制权的影响力。伯切克和弗里德最先提出管理层权力理论，认为股东并不能完全控制管理层薪酬契约的设计，因为经理人完全可以利用手中的权力影响自己的薪酬，而且权力越大操纵自身薪酬的能力越强，从而获得超出符合股东利益的所谓"公平议价"的"租金"。[①] 根据管理层权力论，职业经理人在薪酬契约谈判

---

① 卢西恩·伯切克、杰西·弗里德：《无功受禄》，法律出版社2009年版。

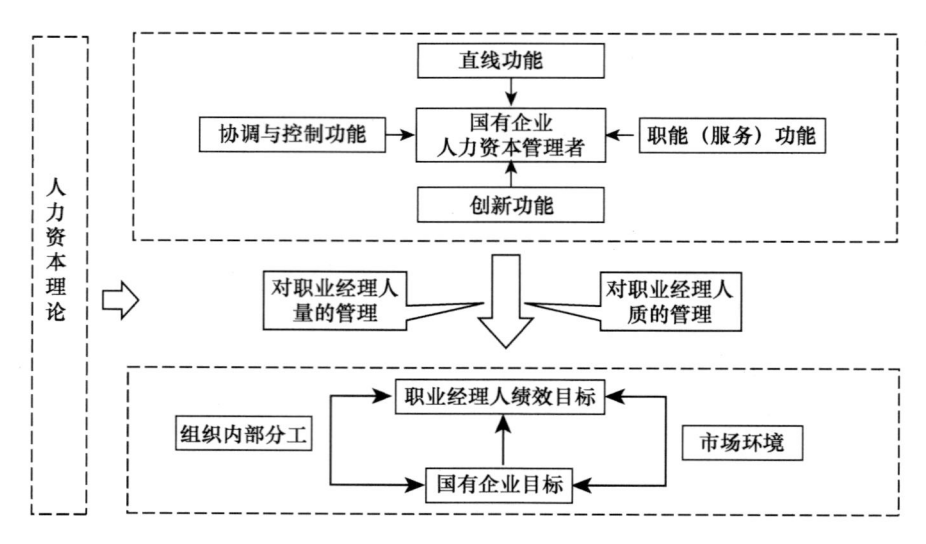

图 2-4 人力资本理论对国有企业职业经理人的解释示意

资料来源：作者绘制。

中掌握着大部分讨价还价的能力，他们可以通过选择对自己有利的薪酬结构、激励条款来获取超额回报，甚至可以通过会计信息操纵行为提升自身薪酬。换言之，职业经理人薪酬的决定因素已经不再是竞争性的市场力量，而是有能力的职业经理人对管理租金的不断攫取。

管理层权力论逐渐成为解释国有企业职业经理人薪酬体系（薪酬水平、薪酬业绩敏感性及薪酬结构）的重要依据。[1] 首先，在薪酬水平方面，基于管理层权力论的研究表明，国有企业面临的更高社会舆论压力会提升职业经理人薪酬的社会"愤怒成本"，导致国有企业通常会采用非货币薪酬、在职消费等方式，增加职业经理的总薪酬水平。其次，在薪酬业绩敏感性方面，基于管理层权力论的研究表明，管理层权力降低了国有企

---

[1] 张弛：《国有企业高管薪酬研究的理论探索》，《学习与探索》2021年第5期。

业职业经理人的薪酬业绩敏感性。[1] 但吕长江和赵宇恒发现，权力强大的职业经理人可以通过自己设计激励组合实现高货币性补偿；而权力较弱的职业经理人则更关注货币性补偿，只能通过盈余管理虚构利润，以达到薪酬业绩考核的目的。[2] 最后，在薪酬结构方面，基于管理层权力论的研究表明，国有企业职业经理人的薪酬结构可以分为货币薪酬、持股比例和在职消费三个维度。大部分国有企业均综合使用了三种薪酬激励形式的不同组合。但事实上，当前我国大多数国有企业没有完全建立职业经理人薪酬分配与考核制度。不仅如此，由于信息不一致，国有企业的上级管理单位难以有效监督职业经理人的行为，因此职业经理人仍然可以在国有企业中利用自己的权力"影响"其薪酬体系。

管理层权力论对国有企业职业经理人制度的解释主要体现在职业经理人权力影响其薪酬体系的四重关联方面。第一，管理层权力与股权激励。国有企业实施股权激励较晚，且由于宏观环境的影响，即使实行股权激励的公司也大多流于形式。但需要强调的是，股权激励作为一种长期激励机制会促进国有企业职业经理人为企业绩效而努力，因此职业经理人的权力对股权收益也会产生一定的影响。第二，管理层权力与信息操纵。双方信息不对称使得职业经理人或利用信息优势进行寻租。特别是在国有企业中，监管缺位更有可能导致职业经理人操纵信息以获取机会主义佣金，如对可控利润进行盈余管理。第三，管理层权力与分红。国内学者研究发现，管理层权力与公司现金股利支付率显著负相关，即职业经理人持股弱化了管理层权力对国有企业现金股利支付的负面作用。第四，管理层权力与

---

[1] 张弛：《国有企业高管薪酬研究的理论探索》，《学习与探索》2021年第5期。

[2] 吕长江、赵宇恒：《国有企业管理者激励效应研究——基于管理者权力的解释》，《管理世界》2008年第11期。

股东权利。国有企业的公司股权集中度越低，会计信息质量或更稳健。并且实践表明，随着职业经理人权力的逐渐增强，会计稳健性也会逐渐增强。通过上述分析，可归纳得到基于管理层权力论的国有企业职业经理人薪酬体系影响模型（如图2-5所示）。

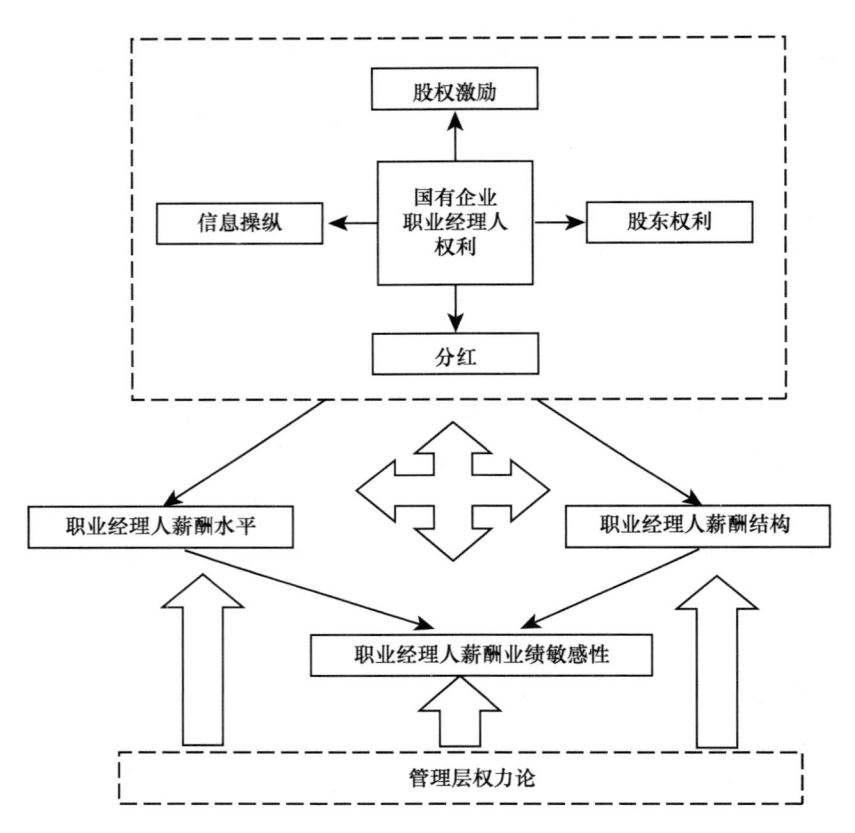

图2-5 管理层权力论对国有企业职业经理人的解释示意

资料来源：作者绘制。

（三）国有企业职业经理人制度的理论启示

易变性、不确定性、复杂性和模糊性不断提升的市场环境对国有企业经营管理者提出了更高的要求，企业所有者如果身兼经营者重任将难以应对市场的复杂局面，聘用职业经理人以有效开展经营活动成为现代企业运营的重要趋势，同时雇用职业经理人也是缓和企业管理复杂化和资本所有者管理能力不足这一矛盾，从而优化公司治理结构、发挥人力资本效能的重要解决途径。此外，国有企业职业经理人制度的确立和应用还需要注意回避多重委托代理风险，并强化对职业经理人的契约化管理与激励约束。

1. 职业经理人制度的产生和发展源于所有权和经营权的分离

企业所有权和经营权分离是职业经理人产生和发展的前提。产业革命以后，企业的所有权与经营权分离，企业所有者为了企业的更好发展，将企业交给管理能力更强的经营者，职业经理人凭借自己的经营管理才能取得了运营、控制企业的权力。自此之后，企业的实际控制者发生了改变，职业经理人走上前台，成为推动企业发展和技术进步的主力军，不仅能够获得劳动报酬，还可以拥有剩余索取权。

国有企业职业经理人制度建立在企业所有权和经营权分离的基础之上。随着国有企业改革的逐步深化以及产权改革的逐步到位，国有企业的所有权和经营权实现分离，法人治理结构不断完善，为建立并不断推进国有企业职业经理人制度改革提供了良好的前提条件。[1] 新时期，国有企业需坚持党的领导和建立现代企业制度的国有企业改革大方向，完善国有资本所有权与经营权的分离，提升国有企业运行的活力与效率。[2]

---

[1] 姚刚：《浅析国有企业推行职业经理人制度建设的若干问题》，《现代国企研究》2018 年第 8 期。

[2] 黄群慧：《"十四五"时期全面深化国有企业改革的着力点》，《山东经济战略研究》2020 年第 10 期。

2. 国有企业职业经理人制度有利于优化公司治理结构、发挥人力资本效能

一方面，职业经理人制度有助于优化公司治理结构。职业经理人制度的产生与发展伴随现代公司治理制度的不断完善以及公司治理结构的不断演化。① 其中，分权和制衡是公司治理结构的关键，也是公司制度运作的基础。国有企业引入职业经理人制度便是一种有效的制衡和分配企业各类权力与利益的机制。一是国有企业将经营权委托给市场化选聘的职业经理人，有利于实现专业化的经营管理。二是职业经理人的契约化管理可以实现权责利的统一，差异化薪酬管理和有效的制衡监督机制可以使职业经理人与企业的利益趋于一致，进而优化决策与执行机制效率，确保企业价值最大化。

另一方面，职业经理人制度还有利于充分发挥出人力资本作用，体现人力资本效能。国有企业职业经理人产生之初就是解决企业管理不佳的问题，因而在职业经理人制度中，国有企业将经营企业的职能委托给了专业的职业经理人，使得他们可以依靠自身禀赋及所掌握的信息和知识，通过经营资本获得收入。同时，完善的职业经理人制度对职业经理人的充分授权，也使得他们可以有效协调资源，充分发挥自身能力，进行企业决策并从事管理活动。此外，职业经理人的监督和考核机制也使得他们需要接受评价和市场监督等约束机制的督促，保障了人力资本的作用发挥。因此，职业经理人制度不仅有助于在社会分工体系下充分发挥出职业经理人的人力资本的作用，还有利于降低并预防职业经理人的投机行为，确保人力资本的效能发挥。②

---

① 周晶：《关于职业经理人制度建设的三点思考》，《国资报告》2019 年第 7 期。

② 欧阳袖：《培育世界一流企业背景下的人力资本创造机制》，《现代国企研究》2020 年第 6 期。

3. 国有企业职业经理人制度应避免委托代理风险

职业经理人制度在不可替代的优越性背后也存在诸多不足，主要原因在于委托代理关系衍生的经营和道德风险。国有企业职业经理人制度中委托代理关系的代理问题主要表现在四个方面。

第一，代理人的短期行为。委托代理关系近似一次博弈，使得国有企业职业经理人收入与企业当前的绩效相关，由此国有企业职业经理人特别注重其任期内的公司收益，而对企业的长远利益不感兴趣。此外，在一次博弈中，委托人甄别代理人披露信息的可能性很小，导致即使察觉到了代理人的背叛行为也很难采取惩罚措施。在这种情况下，职业经理人产生机会主义行为的可能性大大增加，他们会牺牲委托人的利益来换取自身利益，造成委托人利益的损失。

第二，代理人的控制问题。职业经理人与企业所有者间的利益诉求不统一容易形成高昂的委托代理成本。在所有权分散和集体行动成本很高的情况下，从理论而非实证的角度来看，职业经理人多半是企业无法实际控制的代理人。随着信息不对称和职业风险的增加，股东与职业经理人从各自追求利益最大化的角度产生了冲突，然而仅仅通过代理合约却无法解决所有的不一致，这便出现了未尽事项就重新拟定合约，导致高成本与高费用支出的问题。

第三，"水土不服"问题。职业经理人很可能出现与国有企业组织文化不相容的问题，进而影响企业绩效。由于职业经理人承担着企业经营管理和运作的职能，信念冲突有时会成为企业战略目标制定与执行的主要障碍，以及导致职业经理人无法融入企业经营发展的关键因素。

第四，缺乏监督的问题。国有企业职业经理人能否尽心尽责地维护国有资产权益，真实地向委托人报告公司运营的重大事项，不串谋损害委托人利益，确保国有资产保值增值，在很大程度上取决于公司外部国有资产管理机构的监督力度。由于国有企业委托代理关系间缺少内在的连接机制，导致责任主体混乱，权责不清，委托人对代理人的监控意识随着代理链条的延长越来越弱化。

因此，完善国有企业职业经理人制度应该规避委托代理风险，提高职业经理人的职业操守，特别是加强职业经理人的职业道德素质，同时强化契约化管理并完善激励约束机制，减轻职业经理人的机会主义行为。

4. 国有企业职业经理人制度的关键在于契约化管理和激励约束机制设计

解决国有企业职业经理人制度不可避免的委托代理问题的关键在于契约化管理以及激励约束机制的设计。

一方面，国有企业可通过建立以契约化为核心的责权利体系来规避代理风险。由于职业经理人制度的本质是基于委托代理关系就"权、责、利"达成双方接受并经法律认可的契约约束，在客观上形成的相对稳定的信任关系，因此契约精神是职业经理人制度建立和正常施行的基础原则。而国有企业要想维持与职业经理人的良好契约关系，就需要在对职业经理人进行契约化管理中坚持三个原则。第一，双方地位平等；第二，双方以意思表示一致为前提约定职业经理人任职的（年度）责任目标；第三，个人职权和薪酬待遇等均以契约的形式明确规定，且责权利和奖励机制在契约中实现透明化。因而，国有企业对职业经理人的契约化管理有助于促成职业经理人制度的规范有效运行。

另一方面，国有企业可通过加强职业经理人的激励机制，完善职业经理人行为的约束机制来规避代理风险。基于委托代理关系建立的国有企业职业经理人制度存在的最大冲突和矛盾是企业与职业经理人利益不一致，因此如何有效地激励并约束职业经理人，平衡二者间的信息不对称和利益偏差是职业经理人制度设计的关键。激励方面，国有企业可对职业经理人实施市场化导向的中长期激励模式，给予职业经理人市场化的薪酬、股票期权和弹性福利，并改善他们的工作体验等；约束方面，国有企业应建立以业绩为导向的绩效考核制度、重大决策问责制度等一系列结构性制度，为职业经理人制度提供保障，构建国有企业职业经理人的诚信市场，促使他们为维护良好信誉而采取长期导向行为。同时，企业还可以充分发挥社会公众、媒体、行业协会等对职业经理人的外部监督和约束作用。[①]

（四）新时代国有企业职业经理人制度的理论框架

我国与西方国家国有企业的历史、规模和定位不同，要建立符合中国国情、具有中国特色的国有企业职业经理人制度，不能照搬国外已有的理论范式，而需要结合实际探寻我国国有企业职业经理人制度的理论架构，从宏观、中观和微观三个层面进行立体式展现，构建新时代国有企业职业经理人制度的理论框架（详见图2-6）。

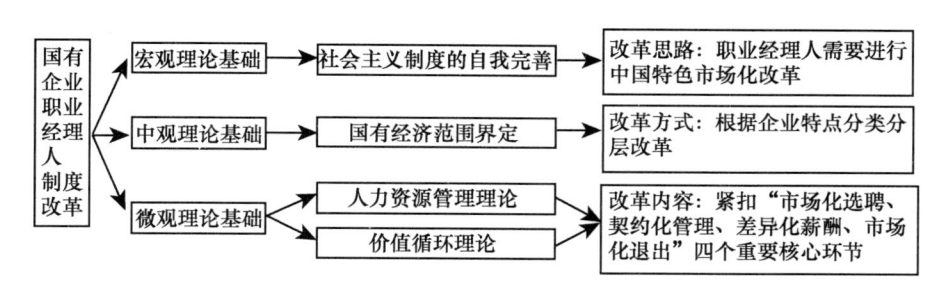

图2-6 新时代国有企业职业经理人制度改革理论框架

资料来源：作者绘制。

[①] 董长青、石群、陶晓龙：《党建引领下的国企职业经理人制度建设探索与思考——以华能资本服务有限公司为例》，《国资报告》2020年第5期。

1. 宏观理论基础：社会主义制度的自我完善及由此衍生的中国特色市场化改革思路

改革开放以来，中国经济实现了持续的快速增长、人民生活水平大幅提升，成就了中国奇迹。这与苏联和东欧国家在休克疗法之后出现的经济大幅衰退形成了鲜明的对比。支撑中国经济奇迹的制度根源在于社会主义制度不断地自我完善。

1984年10月党的十二届三中全会通过的《中共中央关于经济体制改革的决定》指出，我们改革经济体制，是在坚持社会主义制度的前提下，改革生产关系和上层建筑中不适应生产力发展的一系列相互联系的环节和方面。这种改革，是在党和政府的领导下有计划、有步骤、有秩序地进行的，是社会主义制度的自我完善和发展。我国对完善社会主义制度的探索包含非常关键的两大方面：第一，从传统的计划经济体制到市场经济的转型，使市场机制在资源配置中发挥决定性作用。市场机制的确立不仅是建立表面的以价格为配置资源信号的经济体制，而且涉及更根本的具有独立财产权的经济主体之间的自由交换关系、完整的生产要素市场、健全的法律制度和比较完善的社会保障体系，以及与之相匹配适应的政治、法律、意识形态和文化氛围；第二，社会主义的转型，也即社会主义基本制度的自我完善。回顾中国经济改革的历史可以发现，中国经济改革中所有的重点和难点、经验和特色，都来源于完善社会主义制度这一目标所决定的、特殊的历史要求，即一方面要建立和完善现代市场经济体系，另一方面要坚持和完善社会主义基本制度。正是社会主义基本制度和市场经济的结合构成了中国经济改革的主要内容和制度特色。

在社会主义制度自我完善的目标主导下，中国的社会主义市场经济改革具有鲜明的中国特色，国有企业职业经理人制度的改革作为整体改革的一部分同样具有这样的特征。表面来看，中国的市场经济具有市场经济的一般特点：产权独立化、要素市场化、自由竞争、契约关系和价格调节等。国有企业职业经理人制度改革的其中一条主线便是走向市场化，包括所有权和经营权分离、建立契约关系、剥离社会职能适应市场竞争、预算硬化和自主经营自负盈亏等。但实质上，市场经济不是一种可以脱离特定的生产关系和社会结构而独立存在的一种技术性工具，市场经济本身内嵌于特殊的生产关系和制度形态。与资本主义市场经济相比，社会主义市场经济的主要内容包括以下两个方面，这对应于上文提到的社会主义制度自我完善的两大方面：公有制与市场经济的结合，属于所有制或基本经济制度的根本问题；国家与市场的关系，属于资源配置方式或经济运行机制的表层问题。

首先，从公有制和市场经济的结合角度来看，中国在改革中逐步确立了以公有制为主体、多种所有制经济共同发展的社会主义初级阶段基本经济制度。根据这一基本经济制度的要求，国有企业改革的整体思路是要发挥国有经济在国民经济中的主导作用。为此，既要有进有退、有所为有所不为，调整国有经济布局，将国有经济集中在关系国民经济命脉的重要行业和关键领域；又要建立适应市场经济要求的现代企业制度，完善企业的产权制度和经营管理体制，不断增强国有经济的活力和市场竞争力。

其次，从国家和市场关系来看，在我国，国家是现代化和市场化的发动者和组织者，党和国家不仅仅是市场机制的维护者，而且作为市场经济的内生主体、作为使命型政党和发展型国家，推动经济和社会的发展。具体到国有企业职业经理人制度，党和国家是国有企业职业经理人制度改革的发动者和组织者，不仅外在于国有企业起着监督作用，而且党组织本身也作为国有企业治理结构的内生组成部分，发挥着内生的调节作用，不断推动国有企业治理结构的改善。

最后，从公有制与市场经济的结合、国家与市场之间的相互关系来看，二者相互依赖、互为条件。这体现在以下三个方面：第一，我国现在已经确立以公有制为主体的社会主义基本经济制度，但在市场经济条件下，所有制结构的变动很大程度上取决于市场机制的作用，包括市场竞争、资本流动和全球化等因素。在此背景下，如果没有国家对市场经济的有效调控作为保障，那么社会主义基本制度可能会被自发的资本主义势力所瓦解。① 第二，国家对市场经济的有效调控是以国有经济和国有企业作为重要中介和抓手的。在公有制的制度基础上，国家可以作为生产资料的所有者介入经济运行，发挥作为所有者承担的分享并分配收益、战略决策、资产监督和管理人员任命等重要职能。第三，实现后发国家的工业化，不可能仅仅依靠市场的自发演进，而且需要国家以国有经济为依托，加速国内资本的集中和积累，推动重点行业领域的加速扩张，从而不断缩小国内企业与国外跨国企业之间的差距，不断增强国内重点企业的国际竞争力。②

总结而言，改革开放以来形成的中国模式虽然是对传统社会主义模式的根本改革，但是前者不是对后者的完全否定，相反二者之间存在继承创新，是一脉相承，更是与时俱进。与此相应的是，中国在这一过程中取得的发展成就也是既得益于经济的市场化和自由化，也得益于党和国家正确的路线、方针和政策，得益于公有制的主体地位、有力有效的国家宏观调控和组织协调。诸多更为具体的经济体制，包括国有企业职业经理人制度，其改革历史只有沿着中国模式的两大主题和中国特色社会主义市场经济的双重性质，才能概括和总结、解释和理解，其未来的改革方向也只有继续坚持这两大主题和双重性质的脉络并不断调整和创新，不断推动实现社会主义制度的自我完善，

---

① 张宇：《论公有制与市场经济的有机结合》，《经济研究》2016年第6期。
② 张宇、孟捷、卢荻主编：《高级政治经济学》，中国人民大学出版社2006年版，第670页。

才能为拓宽中国特色社会主义道路、发展中国特色社会主义市场经济以及推进国有企业职业经理人制度改革赋予活力和创造力。①

2. 中观理论基础：国有经济范围界定及由此衍生的分类分层改革方式

根据上一节的分析，国有企业职业经理人制度改革的推进和社会主义制度的自我完善需要有机结合，不可偏废。这意味着在中国特色社会主义市场经济条件下，国有经济和民营经济有着相互促进、相互融合和相互渗透的协调发展关系，而非相互割裂、相互排斥的关系。社会主义市场经济体制的中观基础应该是国民共进，而非国进民退或者国退民进。在实践中，国有经济和民营经济之间的冲突很大程度上源于国有经济与民营经济的作用领域错位。具体而言，国有经济应该发挥作用的领域却出现了国有经济作用发挥不足、市场化程度过高现象，而国有经济不应该发挥作用的领域却出现了国有经济过度参与问题。因此，发挥国有经济的主导作用需要合理界定国有经济的范围。②

第一，国有经济范围的具体界定与市场经济在不同行业的失灵与矛盾密切相关。市场经济的失灵可以根据行业或者产品分为以下几类：第一类普通产品（包括消费品和投资品）行业。凯恩斯在《就业、利息和货币通论》中已经证明在这样的市场上存在着系统的有效需求不足或者产能过剩问题。第二类农产品行业。随着农业技术发展和农业机械化推广，农产品生产将

---

① 张宇：《中国模式的含义与意义》，《政治经济学评论》2009年第1辑。
② 中国宏观经济分析与预测课题组：《新时期国企的新改革思路——国有企业分类改革的逻辑、路径与实施》，《经济理论与经济管理》2017年第5期。

由结构性稀缺转变为结构性丰裕。但因为农业几乎难以通过产品创新来制造短缺，因此农产品行业仅仅依靠市场调节将难以维持均衡发展。比如，美国从20世纪30年代便开展了对农业的经济干预。第三类金融资产行业。鉴于普通产品行业的有效需求不足和利润率下降，产业资本迫切需要在金融市场中寻求盈利的投资机会，由此带来整个经济的金融化和泡沫化。第四类集体生产资料和集体消费资料行业。这些行业投资的外部性较高，而所需投资规模通常较大且投资的收益回收周期长、不确定性大，容易导致私人资本投资意愿不强，并最终造成供给不足。

上述分析表明，为了实现经济的平稳可持续发展，第一、第二、第三和第四类行业中的市场失灵问题都不能离开国家的介入，尤其是第四类行业，私人企业无力投资或者不愿投资，国家更需要在这类行业中通过发展国有企业解决供给不足的矛盾。这一私人企业无法承担的职能便成为国家及国有企业必须为推动社会经济整体性发展需要承担的职能，即提供生产的一般物质条件（基础设施）。

第二，国有经济范围的具体界定与市场经济在不同产业链的失灵与矛盾密切相关。在几乎所有行业的整个产业链中，与创新链（从基础研究到应用研究，从商业化到企业的早期融资）有关的投资风险非常大。私人企业不愿意承担如此大的风险，导致了创新供给不足的问题。政府在这一链条中的作用不是修正市场，而是在能够预见技术的变革方向上积极进行投资，从而创造出前所未有的、全新的市场和产业。因此，创新链具有明显的集体性特征，不仅需要企业家或股东承担创新风险，政府也在其中承担了家庭和企业在投资创新时不愿意承担的风险。一般而言，绝大多数的技术革命都需要政府的大力推动。此外，政府还需要承担那些具有公共性的、带有巨大不确定性的、投资额较大的基础设施和知识基础投资。比如，美国政府在互联网技术和纳米科技投资领域起着基础性作用。① 虽然在上述产业链投资中，政府发挥了关键性作用，但是政府投入的资本和劳动力却没有获得确定的回报。在创新链或其他方面承担了重要职能的政府却并不能参与创新收益的分配，这对经济发展和社会公平都具有负面影响。在经济发展方面，政府如果享有创新收益不仅可弥补之前投入的资本和劳动，而且能够维持下一期创新的可持续性，将收益分配给基础设施投资或者通过补贴分配给创新型企业；在社会公平方面，作为纳税人代表，政府对创新过程进行的投资却无法从中获益，便无法通过补贴纳税人而促进社会公平。

基于上述分析，考虑到政府在新技术和物质基础设施的投资中发挥的关键作用，那些基于此实现创新成功的企业应该将创新的部分收益返还给国家，这部分收益需超过税收水平。我国政府还需要有意识地积极介入这些创新链条环节，不断探索如何以国有企业为依托引领创新、承受高风险和极大的不确定性，并且在失败时承受损失、在成功时获得收益。例如，在《关于国有企业发展混合所有制经济的意见》中所提到的第二类行业中，一些高新技术领域的国有企业正是发挥了国家在创新链中的开拓性作用，弥补了市场经济在产业链创新环节上的失灵和缺位问题。

据此，在确定具体的国有企业改革思路时，目前的政策已经指向了分类分层改革，依据所处行业的差异和所提供产品的性质进行不同的改革。2015 年，国务院在《关于国有企业发展混合所有制经济的意见》中规定，分类推进国有企业混合所有制改革。分类的标准综合了行业是竞争性还是垄断性、是商业类还是公益类这两个标准。第一类是处于充分竞争行业和领域的商业类国有企业，应该积极引入其他国有资本或各类非国有

---

① Mazzucato, Marianna, *The Entrepreneurial State: Debunking Public vs Private Sector Myths*, London: Anthem Press, 2013, pp. 14–24.

资本；第二类是处于重要行业和关键领域的商业类国有企业，要保持国有资本控股地位，支持非国有资本参股；第三类是公益类国有企业，推进具备条件的企业实现投资主体多元化，鼓励非国有企业参与经营。聚焦国有企业职业经理人制度改革，国有企业职业经理人制度改革应在深化国有企业分类改革要求下探索分类分层改革方式，在逐步解决行业市场失灵、供给不足中推进国有企业职业经理人制度改革。

3. 微观理论基础：人力资源管理与价值循环理论结合及由此衍生的四位一体改革内容

2020年2月，国务院国有企业改革领导小组办公室出台的《"双百企业"推行职业经理人制度操作指引》中明确指出，国有企业职业经理人要按照"市场化选聘、契约化管理、差异化薪酬、市场化退出"原则进行选聘与管理，为进一步深化国有企业职业经理人制度改革指明了方向——即国有企业职业经理人制度改革要解决的关键问题就是如何在职业经理人选聘、管理、报酬和退出四个重点核心环节上充分实现市场化。在理论层面要阐明这一问题，就需要构建以价值循环理论为核心、人力资源管理理论为基础、四个核心环节为主要内容的国有企业职业经理人制度微观理论框架。

一方面，以人力资源管理理论为基础，紧扣四个重点环节。国有企业职业经理人制度实质上是对国有企业人力资源管理方式进行的改革，使作为最重要生产要素的人力资源能够得到充分配置，并为国有企业创造更多价值和效益。因此，在微观层面，人力资源管理理论为建立国企职业经理人制度提供了理论基础。

人力资源管理（HRM），是指企业通过招聘、培训、绩效、报酬等方式对企业相关人力资源进行有效运用，以实现企业战略目标与成员发展最大化的一系列管理活动的总称，是管理学领域的重要理论。人力资源管理作为一个有机整体，通常被总结为由人力资源规划、招聘与配置、培训与开发、绩效管理、薪酬福利管理和劳动关系管理六大模块紧密联系而组成的完整链条，其目的是最终实现企业战略目标与规划。在这样的体系中，人力资源规划作为整个链条的起点，通过预估企业完成战略目标所需人力资源的数量和基本素质构成，来制定人力资源工作方案以保证企业目标的顺利实现；再通过招聘与配置，为企业输入优秀、合适的人力资源，将其配置在合适的岗位上；并通过培训与开发，使员工的个人素质最大限度地与工作需求相匹配，促进员工的工作绩效提高；之后以绩效管理为核心环节对员工进行考评约束，解决战略目标实现的问题；同时加以薪酬福利进行激励；最后通过劳动关系管理进行留人裁人，使人力资源有效循环，完成对企业内部人力资源的管理。

上述分析表明，国有企业在进行职业经理人制度改革中需充分运用管理学规律，形成人力资源管理的有效体系，科学合理选人用人育人留人。目前，微观实施层面的操作指南在遵循人力资源管理理论的基础上，结合国有企业实际进一步总结与精炼，明确了国有企业职业经理人制度改革中"市场化选聘、契约化管理、差异化薪酬、市场化退出"四个重要核心环节。

另一方面，以价值循环理论为核心，将重点环节嵌入价值循环。国有企业职业经理人制度改革的根本目的是提高国企效率、增强国企活力、资产保值增值，这需要充分发挥职业经理人的管理组织才能，使其为国有企业可持续地创造最大的价值。由于人力资源管理的核心是价值链管理，包括价值分析、价值评价和价值分配三方面内容，因此价值理论从更本质的层面为国有企业职业经理人制度改革提供了微观理论基础。

价值循环理论指出人类的一切活动在本质上都是价值的运动，表现为使用价值、劳动潜能与劳动价值三种价值的具体形态之间不断转化、不断循环、不断增值的历程，本质上是使用价值与劳动价值两种价值的基本形态，通过劳动潜能这一过渡形式相互转化。在价值循环中，信息是价值的唯一源泉，由社会进步和科技的发展产生，信息的积累和创造会产生价值增值。劳动者是在价值循环中的劳动阶段将消费阶段形成的劳动潜能转化为劳动价值的，并在生产阶段将劳动价值转化为新的使用价值。国有企业职业经理人在这一循环中有着生产经营者的身份，是将所有生产要素（劳动力、生产资料、土地等）进行合理配置并进行运营的组织者，凝聚着具有较高劳动复杂度的劳动价值。因此，国有企业职业经理人创造最大的价值既需要其在劳动阶段尽可能地将劳动潜能转化为劳动价值，又需要其改善生产系统中各生产要素间的结构，在生产过程中注入更多信息，充分有效地将有限的劳动价值转化为尽可能多的产品使用价值。因此，国有企业在进行职业经理人制度改革中要顺应价值循环规律，将选聘到退出的四个重要环节通过人力资源价值链内嵌到价值循环之中。

综上，国有企业职业经理人制度改革在微观层面是以价值循环理论为内核、人力资源管理理论为表现形式而形成的"市场化选聘、契约化管理、差异化薪酬、市场化退出"四个核心重要环节。具体而言，在选聘环节，通过建立内部培养和外部引进并重的模式，逐渐增加市场化选聘比例，并保证选聘公平、公正、公开，为国有企业引进能力突出、素质优良、能带来较强社会和经济效益的职业经理人，这样的职业经理人更有可能为国有企业可持续创造最多价值；在管理环节，通过契约明确任期与业绩考核以约束职业经理人的行为，从价值评价角度要求其必须根据契约为国有企业创造更多价值，更好地实现国有企业的战略目标；在报酬环节，通过建立科学多元的绩效薪酬体系，从价值分配角度激励职业经理人积极为国有企业创造价值，推动国有企业发展；最后，在退出环节，通过设置多样、畅通、刚性的退出机制，将无法为国有企业创造足够价值的职业经理人解聘，保证国有企业人力资源配置均衡。

三　国有企业职业经理人
制度的发展历程

改革开放以来，中国共产党坚持不懈地推动中国经济体制改革，建立了中国特色社会主义市场经济，通过不断解放生产力推动了我国经济的迅速发展。中国特色社会主义市场经济一方面属于市场经济的一种类型，具有市场经济的一般特征，比如商品经济、价格机制和资本竞争等；另一方面，在市场与国家的关系上，它是对西方国家自工业革命后曾出现的自由主义市场经济和凯恩斯主义市场经济的一种超越：自由主义市场经济中的国家主要发挥守夜人作用，凯恩斯主义市场经济中的国家可以实施需求管理，而中国特色社会主义市场经济中的国家深刻地嵌入了市场经济的方方面面。作为这场波澜壮阔的体制改革的一部分，国有企业职业经理人制度的发展具有双重性：一方面与其他国家尤其是西方发达国家国有企业经理人制度的市场化改革趋势具有耦合性；另一方面在党的领导下，通过将党组织嵌入国有企业治理制度而内生协调了国有企业经济性与社会性的矛盾，从而超越了西方国有企业经理人制度的改革实践，走出了一条自己的国有企业改革道路。

（一）中国国有企业职业经理人制度的发展历程

国有企业的改革是一个系统性工程，其体制机制、结构布局、社会定位、治理结构和经营观念等都要从计划经济的轨道转变到市场经济的轨道。本报告聚焦于其中一个重要方面：国有企业职业经理人制度的沿革。整体而言，在计划经济体制转变为市场经济体制、市场经济体制改革不断深化的过程中，厂长（经理）的管理权和自主性不断增强。国有企业职业经理人制度改革可以归结为两条主线：一是企业经理层逐步地掌握国有资本循环各个环节的决策控制权；二是随着企业经理层集中了生产资源配置权，掌握了对生产过程的控制权，便需要建立并完善对企业经理层的激励约束制度。职业经理人制度的发展先后经历了 1978—1992 年改革准备阶段，1993—2002 年初步酝酿阶段，2003—2012 年试水调整阶段和 2013 年至今的推广深化阶段（详见图 3-1）。

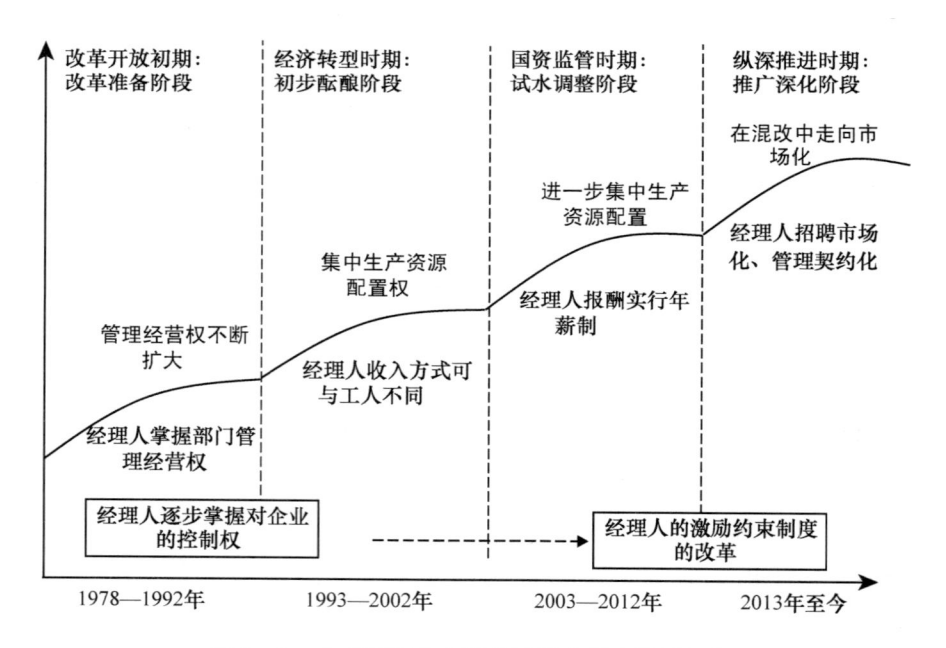

图 3-1 中国国有企业职业经理人制度发展历程

资料来源：作者绘制。

1. 改革开放初期职业经理人制度改革准备阶段（1978—1992年）

从1978年到20世纪90年代初期，国家在计划经济体制的框架内对国有企业进行了多次放权让利的改革，这些改革为之后职业经理人制度的推行作了实践和观念上的准备。在1984年以前，改革是在以计划经济为主的框架内进行的，1985年后直至1992年，建立有计划的商品经济成为改革的指导思想。这一阶段传统的计划经济体制开始被打破，市场的调节作用不断增大，但市场经济尚未获得合法地位，传统体制的因素仍居于主导地位。其间的每一次改革在调动企业管理者积极性的同时，往往也会产生难以对其进行有效监督的新问题，这些问题又催生了对上一次改革的扬弃和下一次改革的展开。总体而言，经理层的经营管理权在这一阶段不断增加，不过计划体制本身为这一变化设立了清晰的范围和限度。

（1）放权让利：厂长开始掌握部分经营管理权

从1978年到20世纪80年代中期，国家开展放权让利、扩大企业自主权的改革实践，国有企业管理制度从党委统一领导（1978—1981年）转变为党委领导下的厂长负责制（1981年至20世纪80年代中期）。国家使厂长（经理）掌握了一部分经营管理权：在满足市场需求上，企业可以在国家计划之外根据市场需要自行制订补充计划，对于国家计划中不适合市场需要的品种规格可以修改；在物资管理方面，大部分超过计划之外的生产资料可以进入市场，企业之间可以不经过物资部门直接订立供货合同，也可以在市场上采购来满足需要；在利润分配方面，企业在保证国家利益指标前提下可以分享一定比例的利润留成，用于企业技术革新、集体福利和职工奖金；在劳动人事管理方面，有权选择中层干部、招工择优录取和辞退职工。

放权让利激发了经营者和职工生产的积极性，提高了企业的生产能力和积累能力，但并没有触动传统的计划经济体制，且带来了新的问题，尤其是如何对扩权后的企业建立相应的约束机制。其中一个后果是1979年和1980年连续两年出现了巨额财政赤字。为此，国家开始在放权让利的基础上实行经济责任制，这是对权责关系的一次厘清与规范。到1982年年底，实行经济责任制的工业企业达到了80%以上。[1] 因为计划体制中企业的各项经济指标按照"基数法"来确定，因此，经济责任制产生了"鞭打快牛"的现象，超额完成任务有奖励，完不成任务则遭受惩罚。有鉴于此，国家决定停止全面推行经济责任制，转而实行利改税，这一改革使得税后利润能够完全由企业支配。

（2）厂长负责制：厂长逐渐掌握经营管理权

鉴于很多放权措施在之前的改革中没有得到真正落实，从20世纪80年代中期到90年代初期，国家开始推行承包经营责任制，国有企业管理制度从党委领导下的厂长负责制转变为厂长负责制，一定程度上实现了所有权和经营权的分离。承包经营责任制通过企业与国家签订经济合同的方式明确了双方利润分配的比例和指标，使国有企业成为相对独立的实体，调动了企业的积极性。厂长负责制是承包经营制的重要内容。1984年10月，党的十二届三中全会通过的《中共中央关于经济体制改革的决定》强调，"现代企业分工细密，生产具有高度的连续性。技术要求严格，协作关系复杂，必须建立统一的、强有力的、高效率的生产指挥和经营管理系统。只有实行厂长（经理）负责制，才能适应这种要求。"到1987年，承包经营已经成为国营企业的主要经营形式。至1987年年底，全国预算内工业企业承包面积已达78%，其中大型企业达到82%。[2]

在承包责任制的推行下，厂长（经理）逐渐掌握经营管理

---

[1] 辛迪诚：《中国国有企业改革编年史（1978—2005）》，中国工人出版社2006年版，第81页。

[2] 邵宁主编：《国有企业改革实录（1998—2008）》，经济科学出版社2014年版，第2页。

权。这一制度通过合同方式明确了国家和企业的责权关系，改变了企业对政府的行政隶属关系，是所有权和管理权相分离的初步形式。在明确企业责任的同时，它赋予了企业最基本最必要的经营自主权，创造了"能人治企"的浓厚氛围。据统计，全国实行承包制度的国营企业中，约占30%的承包经营者是公开招标选聘的。①

为了激发国有企业厂长（经理）的经营管理积极性，国家也初步调整了企业管理者的报酬机制。国务院在1984年颁布了《关于认真搞好国营工业企业领导体制改革试点工作的通知》以及附件《国营工业企业法（草案）》之后，于1986年发布《国务院关于深化企业改革 增强企业活力的若干规定》，其中规定"凡全面完成年度目标的经营者个人收入可以高出职工收入的1到3倍，做出突出贡献的还可以再高一些"。这是我们国家首次明确指出企业经营者的劳动取酬方式应该与普通工人有所区别。1992年国务院发布的《全民所有制工业企业转换经营机制条例》规定，企业连续三年全面完成上交任务，并且实现企业财产增值的，要对厂长或者厂级领导给予奖励，从而把企业经营者收入与其工作业绩联系在一起。

承包制这种激励方式能够较为灵活地反映企业经营管理人员在生产经营过程中的重要作用。然而，随着改革开放的深入，这一制度的缺陷也逐渐暴露。一方面，虽然许多国有企业通过承包制等方式将企业的经营管理交给厂长（经理）负责，但企业生产事项依然被各行业的政府管理部门所影响。如纺织工业部、机械工业部、煤炭工业部等行业部委，能够在很大程度上干预下属企业的生产决策，企业经营者无法对企业的资源进行优化配置和结构调整。另一方面，国家缺乏对国有企业管理者

---

① 邵宁主编：《国有企业改革实录（1998—2008）》，经济科学出版社2014年版，第35页。

的监督机制，企业的责任和权利不对称，企业经营再次出现了一系列问题：企业和政府之间的信息不对称，国家缺乏必要手段监督企业经营者的经营风险，难以确定合理的承包基数；国有企业并没有作为真正的法人参与市场竞争，企业只负盈不负亏，亏损依然由国家承担；企业经营状况受经营者自身能力和道德约束的限制，出现了追求短期利益和局部利益的行为。进而在一定程度上导致了国有资产流失、国有企业利润迅速下降、债务资产比和不良贷款存量迅速上升等问题。

（3）聘用制引入：推动国有企业干部人事制度改革

在计划经济时期，具有干部身份的人可以在各级党政系统、国有企业和公办事业单位担任公职，从事管理工作。干部身份是终身的，具有相应的政治等级和工资等级。改革开放以来，干部身份首先在国有企业被逐渐淡化。

自从国有企业实行放权让利的改革以来，一些国有企业对管理岗位干部进行改革，运用聘用制代替了录用制，这样管理岗位就不是终身制，而是采用定期合同的方式。这样的改革也采取了渐进式的双轨制方法，对增量进行改革，通过增量变化来推动存量的变化。为了坚持和完善干部聘用制，1991年10月12日中央组织部和人事部联合颁布《全民所有制企业聘用制干部管理暂行规定》，详细规定了全民所有制企业中将工人聘用到干部岗位任职工作的聘用条件和程序，聘用合同的签订、变更、终止和解除，聘期内和解聘后的待遇，以及退休和退职等事项。在向市场经济过渡的过程中，国有企业管理干部聘用制的引入，有助于将计划经济时期行政管理和企业管理、行政事务和企业经济事务区分开来。这是我国建立一种适应于市场经济的、既能产生动力又有压力和活力的企业家管理新模式的初步探索。

需要指出的是，这一时期的厂长（经理）很大程度上依然是计划经济条件下的企业管理者，政治上他们具有行政级别和干部身份，是中央计划官僚体制的一部分，其社会地位的提高和收入的增加取决于行政职务的升迁，他们主要是对上级负责而非对企业负责。经济上，管理者的首要职能是组织和监督完成自上而下所规定的计划指标，从而无法学习如何进行市场营销和如何通过投资决策为未来分配资源，因为研发活动被从生产过程分离并置于政府机构管理下的研究所，所以管理者也无法基于企业经营活动不断提高其工业创新能力。这样的厂长（经理）并不是严格意义上的职业经理人，后者是社会主义市场经济中建立了现代企业制度的企业管理者。二者之间的本质差异在于所有制结构的变化。这一阶段对厂长放权让利和企业管理干部聘用制的引入虽然没有涉及所有制改革，但是所有权和经营权的分离也关系到治理结构的再组织，属于广义的产权转变范围。这一改革既有利于在实践上使国有企业经理层摆脱行政束缚，更关注企业盈利和市场情况，又有助于在观念上为职业经理人的引入做好铺垫，使国有企业治理结构的变化呈现渐进有序的过程。

2. 经济转型时期职业经理人制度初步酝酿阶段（1993—2002年）

放权让利和承包责任制都是在计划经济体制下对企业管理方式的一种改良，并没有实质上改变企业内部的经营机制。1992年，党的十四大明确提出了"我国经济体制改革的目标是建立社会主义市场经济体制"。随着诸多宏观经济体制从计划经济走向市场经济，国有企业的微观管理制度也进行了更为彻底根本的改革，以适应新的宏观经济形势。

从1980年财政实行"分灶吃饭"开始，宏观经济体制的改革持续推进。1994年，国家完成了财税、金融、价格和外贸体制改革，进一步实现了政企分开，这使得企业管理直接暴露于市场压力。具体而言，财税体制改革改变了原有的财政包干、减税让利的方法，按照税种划分了中央和地方的财政收入，国有企业难以获得财政支持或税收减免；金融体制改革实现了商业性金融与政策性金融的分离，国有专业银行向商业银行转变，这使得国有企业在陷入亏损的情况下难以获得贷款支持；价格体制改革放开了统配煤炭价格，提高了原油和电力的价格，这使得企业成本压力迅速提升；外贸体制改革大幅降低了关税总水平，国有企业失去了高关税的保护，不得不直面国外商品的竞争。这些宏观经济体制改革将资本积累循环的诸多环节，包括融资、采购原材料、商品出售等从国家计划推向了市场竞争，为国有企业产权改革能够真正发挥作用提供了一个与之匹配的市场制度环境。

自20世纪80年代末90年代初起，数百万中小型国有和集体企业逐渐退出公有制序列，五千多家国有大中型企业实施政策性关闭破产，剩下的国有企业主要是经营状况良好的大型企业，国有经济的布局结构得到优化。同时，面对国有企业转轨时期产生的数千万下岗职工，国家开始逐步改革劳动用工制度、社会保障制度和住房制度，实行全员劳动合同制，打破铁饭碗的劳动力就业制度，通过实施再就业工程和提供再就业培训缓解下岗职工和企业富余人员问题。这些改革不仅为个体户和私营经济的发展提供了劳动力来源，而且为企业经理层进一步扩大人事方面的权力，掌握包括雇佣和解雇劳动、组织控制生产过程和收入分配等环节提供了制度保障，这是国有企业和私有制企业一样实现高效资本积累的重要条件。

上述宏观经济体制的变革引致微观经济领域企业治理制度的深刻变迁。1993年11月，党的十四届三中全会通过《中共中央关于建立社会主义市场经济体制若干问题的决定》，提出"建立现代企业制度，是发展社会化大生产和市场经济的必然要求，是我国国有企业改革的方向"，并说明了现代企业制度的基本特征是"产权清晰、权责明确、政企分开、管理科学"，改革目标是使企业转变为自主经营、自负盈亏、自我发展、自我约束的经济法人实体和市场竞争主体。相应地，国有企业人事管理制度改革的方向是要建立和现代企业制度相适应的综合性人力资源开发管理框架。1994年，国家发布《关于选择一批国有大中型企业进行现代企业制度试点的方案》，对试点企业进行公司制改造，提出初步建立起由董事会、经理人员、监事会和股东所组成的公司内部治理结构。这些政策从法律上规定了政企分开，并探索了在实践中实现政企分开的企业制度。其目的是使企业管理者逐渐掌握生产资源配置权，从而在激烈的市场竞争中引领国有企业求生存谋发展。截至2001年年底，重点国有企业实行公司制改造的比例高达76%。[1] 不过这一制度改革的过程并非一蹴而就，新旧制度之间的磨合面临着诸多传统意识的阻碍。湖北省丹江口市调查表明，当时有85%的聘用干部普遍要求"转干"，64%的在校大中专生认为自己是干部身份，不愿到车间、工段工作，要求在科室管理岗位工作。丹江口市国有工业企业中明确为局级企业的有7家，占14%，副局级的有8家，占16%。[2] 因为从官本位到民本位的价值观改革和企业文化的改变是一个漫长的过程，所以国有企业从行政束缚脱离出来的困难重重，国有企业经理层与现代企业制度接轨也是一个具有挑战的任务。

在外部宏观体制改革压力的推动下，2002年国家开始酝酿国有企业职业经理人制度改革，《2002—2005年全国人才队伍建设规划纲要》初步提出建设一支职业经理人队伍。逐步实行职业资格制度，探索与制定职业经理人资质评价体系和市场准入规则。关于企业管理政策和制度的松动使得很多国有企业积极

---

[1] 张卓元：《深化国企改革发展混合所有制》，《中国科技产业》2003年第12期。

[2] 陈家义、朱钢：《国有企业干部人事制度改革的难点及对策》，《湖北经济管理》1994年第6期。

探索改善企业管理,很多企业的管理实践脱颖而出。比如邯郸钢铁企业在市场原材料价格上涨的压力下实施成本控制,层层核算出分厂、车间和工序的目标成本,并将人事升迁和收入分配与目标成本的实现挂钩。再如许继集团在市场人才竞争的压力下,对专业人才实行职能工资制,科技人员可凭借技术参与新产品销售收入的股权分红。① 这些管理实践表明企业管理者已经开始掌握影响资本循环的各种企业制度和生产流通环节,包括成本核算、采购成本管控、中层管理者和员工的人事制度、收入分配等。不过,在国有企业出资人不明的情况下,管理者对企业的各种控制权得不到有效的监督制约,企业经营全被少数经营者垄断以后,一方面对工人实行强制严格的管理方式,劳工管理和生产管理控制与其他所有制企业逐渐趋同,行如全面质量管理、全面生产维护、5S 管理等现代企业管理方式,以提高劳动生产率②,这导致管理者与工人关系恶化③,不再是之前"庇护主义"的干群互惠关系,而是形成了基于利益考虑的对抗式联盟关系④;另一方面企业经营者存在普遍贪污倾向,容易导致内部人控制问题,出现了"59 岁现象"和"在职消费"等社会现象。⑤

---

① 邵宁主编:《国有企业改革实录(1998—2008)》,经济科学出版社 2014 年版,第 298—302、312—316 页。
② 赵炜:《工厂制度重建中的工人》,社会科学文献出版社 2010 年版。
③ Lee, Ching Kwan. "The Labor Politics of Market Socialism: Collective Inaction and Class Experiences Among State Workers in Guangzhou." *Modern China*, 24 (1), 1998, pp. 3 - 33.
④ 平萍:《制度转型中的国有企业:产权形式的变化与车间政治的转变——关于国有企业研究的社会学述评》,《社会学研究》1999 年第 3 期。
⑤ 黄群慧:《控制权作为企业家的激励约束因素:理论分析及现实解释意义》,《经济研究》2000 年第 1 期。

3. 国资监管时期职业经理人制度试水调整阶段（2003—2012年）

在诸多国有企业开始建立现代企业制度以后，如何避免过去行业部委直接指挥、直接干预的监管体制，以及同时如何有效行使国有资产出资人的权利，成为新的亟待解决的问题。

1998年的机构改革撤销了化工部、冶金部等9大部委，原来由它们负责的163户国有企业负责人交由1999年成立的中央企业工委管理，另外39户列入中央管理干部的范围。1998—2003年，国有企业改革与管理、国有资产管理和收入分配等出资人职能由国务院相关部门行使，呈现出九龙治水的局面，比如国家经贸委负责国有企业的改革与管理工作，财政部负责管理国有资本，劳动和社会保障部负责收入分配的管理，党的各级组织部门负责重点国有企业负责人的任免等。直至2003年国务院国有资产监督管理委员会成立，解决了长期存在的国有资产出资人缺位和国有资产多头管理的问题。国有资产所有者的职能从多部门共同履行出资人职责转变为单一出资人机构专司出资人职责。

国资委建立后，国有企业的现代企业制度得到进一步完善。其中国有企业经理层招聘市场化是作为这一制度改革的重要体现。2001年，在国资委还未成立的时候，中组部在国企改革的背景下开始探索国有企业经理层的市场化发展之路。2003年，在国资委成立以后，为贯彻《中共中央、国务院关于进一步加强人才工作的决定》和《国务院国资委关于加强和改进中央企业人才工作的意见》，国资委坚持党管干部原则和市场化配置企业经理层相结合，加快推进国有企业经理层选拔方式的转化。其中一个突出亮点是在企业经理层的市场化全球公开招聘方面进行了积极的探索。国资委联合中组部在这一年面向海内外公开招聘，为中国联通等6家央企选聘了7位高管人才。这是国资委对经理层市场化招聘的第一次正式尝试。之后国资委对国有企业职业经理人制度的探索不断推进，呈现出招聘岗位规模扩大、选聘层次提高、报名人数增加、招聘程序更为规范以及招聘与引进海外高层次人才结合更加紧密等特征，在推进国有企业职业经理人制度的艰难之路上作出了有益的探索，积累了许多宝贵的经验。具体而言，国有企业负责人的公开招聘不仅在选拔范围上打破了身份、国籍等的限制，而且在任用方式上，改委任制为聘任制，对上岗人员实行契约化管理，有严格的准入机制和正常的退出机制，在一年试用期满后考核不合格者予以解聘。这些尝试具备了国有企业职业经理人制度的雏形。

随着公司制股份制改革的推进以及改制上市工作的顺利进行，经理层进一步集中了生产资源配置权，这一时期一些国有企业经理层通过劳动力置换和生产重组适应了新自由主义全球化灵活积累的特征，逐步将国有企业纳入了全球生产体系[①]。国有企业的监督机制也得以建立完善。从外部机制而言，国家建立了稽查特派员制度和外派监事会制度，强化了企业负责人的自律意识，有利于维护国有资产保值升值；从内部机制而言，设立独立董事制度有利于打破内部人控制。

国有企业经理人的激励制度也在国资委建立之后得到进一步完善。在国资委成立前，国有企业管理者的薪酬存在诸多问题：企业负责人自定薪酬；薪酬结构单一，缺乏中长期激励；企业负责人薪酬与企业效率增长不匹配；企业负责人薪酬与企业规模和重要程度不相称。再加上加入WTO之后，进入我国的外资企业薪酬普遍较高，对国企高管人才队伍的稳定性也产生

---

① 贾文娟：《双重大转型下的国有工业企业生产模式变迁——以A市南厂"入厂包工"模式兴起过程为例（2001—2013）》，《开放时代》2015年第3期。

了巨大的冲击。为了进一步完善对国企高管的激励,我国开始普遍实行国企高管年薪制。虽然各地区的年薪制有所不同,但基本的形式都是将高管薪酬分为基本年薪和绩效薪酬,以企业会计年度为考核周期,确定经营者薪酬数量和薪酬形式。这样就将企业经营发展的表现与高管薪酬联系起来,实现了对管理者的短期激励。同时工人与管理者的收入差距有显著拉大趋势,二者之间的矛盾也日益激化。

此外,为了探索高新技术企业中管理和技术按生产要素分配的实现途径,以及对企业管理者进行中长期激励的具体方式,在国企改革中进行了股权激励制度的探索。不过2006—2007年,我国股市经历了疯狂的上涨过程,国企高管实施股权激励的一些消极面在这一期间被放大出来。比如许多国企高管天价薪酬的出现,格力电器董事长朱江洪和总裁董明珠所获得的激励股份按照当时的股价计算总计已经超过了1.9亿元;泸州老窖的高管人员在2006年6月之后的股权激励预期收益已经超过1亿元,而高管人员的实际年薪却不到100万元。[1] 这主要是由于一些国企高管股权激励方案账面价值随着公司股票价格的上涨而大幅上涨,即使是平庸的经理其报酬也会大幅增加,从而无法恰当地衡量其业绩水平。

4. 纵深推进时期职业经理人制度推广深化阶段(2013年至今)

虽然国资委的建立基本解决了国有企业监督管理权九龙治水的局面,但国资委本身所兼有的双重角色——作为国有资本出资人的经济角色和作为政府管理部门的政治角色,如何在改制过程中加以协调从而避免影响国有企业经济效率的提高,需

---

[1] 张弛:《国有企业高管薪酬研究》,博士学位论文,中国人民大学,2018年。

要在进一步的改革中探索。

2013年,党的十八届三中全会确立了全面深化改革的总体精神,经济体制改革进入攻坚期,国有企业亦进入"全面深化改革"的纵深推进期。2013年,《中共中央关于全面深化改革若干重大问题的决定》正式提出建立国有企业职业经理人制度。2015年以后,中央出台了一系列关于国资国企改革的"1+N"政策文件,根据2015年国务院发布的《关于深化国有企业改革的指导意见》,国有企业改革进入了分类改革的新时期,职业经理人制度实施方向逐步清晰。以下三类国有企业,包括公益类、主业处于竞争行业和领域的商业类以及主业处于重要行业和关键领域的商业类国有企业,将具有不同的国资监管机制、混合所有制改革方案、公司治理机制和国有经济战略性调整方向。在完成国有企业改革的顶层设计之后,国务院国资委将"推行职业经理人制度"作为2016年国企改革十项试点任务之一。从2014年开始,国务院国资委在宝钢、新兴际华集团、中国节能、中国建材、国药集团5家中央企业落实了董事会选聘和管理经理层成员的职权。按照党组织推荐、董事会选择、市场化选聘和契约化管理的基本思路,新兴际华董事会选聘了总经理,宝钢、中国节能、国药集团选聘了6名副总经理,新兴际华集团董事会于2016年又通过市场化选聘了全部经理层副职。[①]

2017年国资委拟定了《关于开展市场化选聘和管理国有企业经营管理者试点工作的意见》,扩大了试点范围和试点内容,国有企业管理层将更多地从经理人市场中选聘。试点工作将强化董事会职能,完善公司法人治理结构,董事会和经理层由"同纸任命"改为分层管理,有效解决国有企业的经理层"能上不能下,能进不能出"问题。2018年"双百行动"成为新时代

[①] 王璐、杨烨:《国企市场化选聘试点今年扩容》,《经济参考报》2017年3月2日第2版。

国企改革的范式，职业经理人制度建设作为健全法人治理结构、完善市场化经营机制的重要组成部分，重要性已日益凸显。国有企业推行职业经理人制度已成为党中央、国务院以及各级国资监管部门关注的焦点，是落实董事会职权、实现"管资本"为主的国资监管职能转变的重要抓手。2022年作为国企改革三年行动的收官之年，国有企业公司制改革基本完成，经理层成员已签订契约的中央企业子企业和地方国有企业占比分别达到97.3%和94.7%，中央企业、地方国有企业管理人员竞争上岗人数占比分别达到42.9%、37.7%，末等调整和不胜任退出人数占比分别达到4.5%、3.0%。据初步统计，中央企业已开展过中长期激励子企业占具备条件子企业的85.9%，惠及27.6万人。[1] 这些数据表明我国基本建立了中国特色现代企业制度下的新型经营责任制。

整体而言，此轮改革重点推进国有企业上市和混合所有制改革。企业可以通过上市加强市场竞争机制的作用，与股市相关的机制在约束经理人行为方面可以发挥更大作用；通过产权混合进一步理顺党组会、股东会、董事会及经理层权责关系，建立外部董事占多数的董事会，解决董事会职能由政府承担的董事会外部化问题。[2] 在此基础上，国资委向建有规范董事会的国有企业进一步下放发展决策、经理层成员招聘、业绩考核和薪酬、职工工资分配和重大财务等权限，企业可以进一步落实劳动、人事、分配制度改革，实施薪酬激励与股权激励相结合的差异化激励分配机制，推行"市场化选聘、市场化退出"和"薪酬能增能减、职务能上能下"的选人用人机制。[3]

---

[1] 《国企改革三年行动取得重要阶段性成果》，《人民日报》2022年1月18日。

[2] 黄群慧：《业绩评价与国有企业经营者报酬制度的激励性》，《中国工业经济》2002年第6期。

[3] 何瑛、杨琳：《改革开放以来国有企业混合所有制改革：历程、成效与展望》，《管理世界》2021年第7期。

（二）其他国家国有企业职业经理人
　　　制度的发展历程

自第二次世界大战以来，西欧老牌发达国家、日韩等后发国家和民族独立运动后的发展中国家都经历了国有化浪潮，之后随着国内外政治经济格局的演变，这些国家又先后开启了去国有化浪潮，国有资产比重大幅下降。在这一过程中，国有企业职业经理人制度也经历了阶段性演变。

1. 西欧国家国有企业职业经理人制度的发展历程

现代国有企业的发源地是西方资本主义国家。随着资本主义工商企业的发展，私人资本对公共基础设施如交通运输系统和市政建设的需求不断增加。1657年，英国政府创办世界上第一个邮政局，这可能是第一个具有现代意义的国有企业。18世纪初期，很多西方国家的大城市都设立了市政公司类别的国有企业。

自第二次世界大战以来，西欧国家经历了两次国有化浪潮：第一次是20世纪40年代末50年代初，在战争推动下的国有化；第二次是自20世纪70年代中期开始，在经济危机推动下的国有化。经过两次国有化浪潮后，国有成分在西欧国家经济中的比重明显提高，基本维持在20%左右，比如法国为23%，意大利为20%，英国为16%，联邦德国为14%。国有企业涉及的部门超越了二战前的少数公用部门和基础设施部门，扩张至基础工业、高科技公司、制造业和农业等诸多经济部门，国有经济控制了造船、钢铁、汽车、航空、铁路、燃料、电力和邮电通信等关键性部门。[①] 在资本主义国家，国有经济从市场经济的简

---

① 杨洁勉：《战后西欧的国有经济》，上海外语教育出版社1988年版，第116页。

单补充发展为引导和调节国家经济发展的重要支撑。而美国的情况不同，美国的经济结构没有因为战争而出现剧烈的波动，其国有企业增加量不是很多［田纳西河流域管理公司（Tennesse Valley Authority）是个著名的例子］，20世纪70年代末期，美国国有经济产值占国民收入比重仅为1.2%—1.3%，国有企业主要分布在邮政、铁路等基础设施领域。① 鉴于美国的国有企业比重较低，本节首先聚焦于回顾梳理西欧各国国有企业经理人制度的历史沿革。

（1）西欧国有企业经理层主要受制于政治政策（二战后至20世纪70年代末）

二战后至20世纪70年代末，西欧国家的国有化体现了国际垄断资本主义的新发展，使得国家不仅发挥着传统的上层建筑的作用，而且国有企业作为经济基础的组成部分，直接控制、管理和调节资本主义再生产的各个领域和环节。西欧国家的国有化不仅是出于迅速进行经济重建、恢复社会秩序的需要，更体现了通过资本重组以增强国际竞争力的需求。因为西欧国家在战后不仅难以同美日争夺国际市场，而且其国内市场也日益面临美日产品的竞争威胁。比如，西欧各国对日本的贸易逆差从1970年的5亿美元增加至1984年的122亿美元，其中在代表技术革命标志性成果的信息技术产品的贸易上，西欧国家从1975年的5亿美元贸易盈余转变为1984年的200亿美元贸易逆差；再如，六家日本汽车公司占西欧共同市场总销量的60%。② 鉴于国有化形式便于国家进行计划、资助和补贴，因此，西欧国家试图运用国有企业来应对国际竞争形势。

就国有企业治理的制度和理念而言，西欧各国都主张国有

---

① 常辉：《20世纪西方大国资本主义国有经济研究》，人民出版社2016年版，第179、182页。
② 杨洁勉：《战后西欧的国有经济》，上海外语教育出版社1988年版，第6页。

企业应该尽可能按照市场机制的运作、按照私有企业的经营方式进行管理。回溯历史，现代股份公司在1840年之后出现，随着生产力提高、企业规模扩大，对资本数额要求越来越大。伴随着公司制一起发展的是，"管理劳动作为一种职能越来越同自有资本或借入资本的占有权相分离"的趋势。[1] 在20世纪初，所有权和控制权的分离已经成为美国工业企业的主要特征。这一分离之所以出现，是因为在创新企业成长壮大的过程中，只有职业经理充分了解竞争中各项业务的投资要求，所以一些资源配置的重大决策权如转换技术方向和进入新市场，就需要由职业经理人来掌握。在20世纪头几十年，随着职业经理人全面接管企业的战略管理职能，创新型的管理型企业逐渐成为所在行业的巨头。[2] 伴随管理层这一组织转变的另一变化发生在车间现场，西方资本主义国家逐渐通过泰勒制等科学管理运动掌握了生产的知识和信息，瓦解了公投和传统工匠行业对劳动过程和劳动组织的控制，从而取得了对生产和劳动报酬的控制权。这一企业治理理念影响了同一时期的国有企业。

在实践上，国有企业对这一思想往往贯彻不力。虽然原则上，西欧国家对国有企业实行所有权和管理权的分离，也并不主张对国有企业的具体经营进行干预，但是在任命领导人时，它们依然会挑选与本政府政策主张相同或相似的人员，这样国企的自主权在政府总政策的大范围内才有实际意义。而且政府任命国有企业领导人往往从党派利益出发，所以西欧国有企业的领导人基本是官僚性的，他们通常关注与政治利益密切相关的个人升迁，对政府指令言听计从，将政治考虑优先于经济考虑。比如，意大利天主教民主党公开将国有企业的领导职位作

---

[1] 《马克思恩格斯文集》第7卷，人民出版社2009年版，第436页。
[2] 威廉·拉让尼克：《创新魔咒：新经济能否带来持续繁荣》，黄一义、冀书鹏译，上海远东出版社2011年版，第184页。

为政党活动的酬劳,任命外行,这最终降低了企业的经济效益。

在国有企业职业经理人制度上,德国和其他西欧国家形成了鲜明的对比。在联邦德国,国有企业领导人多是经理人型的,他们关心企业的成败,将政治目标视为妨碍作出经济决策的一种额外负担。他们认为只有搞好国有企业,使之盈利,才能满足社会和公众的需要,如果以社会利益需要为借口鼓励企业亏损,那么将有损于社会整体利益。这样,联邦德国国有企业的职业经理人便与其他西欧国家产生了这样的差异:企业的经理人员具有较大的自主权和决定权,较少地将国有企业作为实现公共政策的工具。之所以出现这一差异,是因为英国和法国等国家的国有化多是完全的国有化,而联邦德国的国有企业多是各级公私参与制。各种参与者都要求企业尽量赢利,否则私人股份会很快转移至其他高利润企业。这样,国有企业必须使公私股东有利可图。例如,汉莎航空公司由于其分红较低而受到了私人股东的激烈批评。①

(2)经理层逐渐掌握企业控制权(20世纪70年代末至80年代末)

西欧国家左翼政党和右翼政党对国有化的态度存在显著差异,这为20世纪70年代末进入新自由主义时期以来的去国有化趋势和国有企业治理制度的变化埋下了伏笔。一般而言,左翼政党主张国有化,比如英国工党,而右翼政府则反对国有化或者主张限制国有化,比如英国保守党。在战后黄金年代的欧洲,整体而言国有化趋势占据主导地位。比如英国工党政府包括艾德礼政府和威尔逊政府都实施了大规模国有化,国有企业基本支配了英国的邮电、钢铁、燃料、电力和运输等基础结构

---

① 杨洁勉:《战后西欧的国有经济》,上海外语教育出版社1988年版,第94页。

部门，其间保守党政府上台也只是对部分钢铁业和运输业企业进行了非国有化，没有扭转国有化的整体趋势。但20世纪70年代末进入新自由主义时期以来，去国有化趋势占据主导地位，比如1979年英国撒切尔夫人和1986年法国希拉克政府上台都开始了大规模的去国有化运动，全盘否定之前左翼政府的国有化政策。

出现这一转变的原因是多重的。其中表面上直观的原因在于不同政党的分歧，比如英国保守党认为英国经济停滞不前、通胀严重的原因在于工党政府热衷于国家干预经济和国有化的政策，只有限制政府干预经济，实行市场经济和私有化才能促进经济的恢复和增长。法国社会党在1981年上台以后的大规模国有化没有改善经济的困难和企业的对外竞争力，右翼的自由化思想和政策便成为替代选择。此外，这一转变还存在更为实际的考虑，比如国家试图通过私有化甩掉亏损严重的国有企业、改善国家支出和削弱工会的力量（国有企业工会会员占比高于私有企业）等。

这一过程不仅涉及国有企业所有权的转变，也包含国有企业治理制度和治理观念的转变。西欧政界和国有企业负责人主张像私有企业那样经营和管理国有企业。这种制度和观念的变化主要表现为：强调盈利，改变过去对国有企业承担社会责任的强调，减少政府的资助和补贴。比如英国撒切尔政府控制国有企业向国家借贷，并且鼓励竞争，打破国有企业的垄断地位，为私有企业进入国有企业的领域创造条件。再如意大利将大型国有公司拆分为多个独立核算的单位，并且强调专家作用，过去国有企业负责人受到政治集团利益的支配，这些负责人不仅不懂企业业务，而且易于唯上是从而不考虑企业的经济利益。在20世纪80年代，政府则主张国有企业应该由能干的专家而非官僚来管理。比如撒切尔政府不惜重金延聘人才，以改进国有企业的经营管理，德国要求国有企业的直接经营人员非政府官员化，而必须是有经营才干的企业家。①

私有化进程和国有企业治理制度的变化所产生的影响是混杂的。一方面，一些国有企业的经济效益和劳动生产率的确有所提高。比如1980—1981年英国全国电话待装户高达12.2万户，1984年电信公司私有化后这个数字下降至2000户。②但另一方面，一些投资巨大的基础设施行业和公共行业在改革之后则遭受巨额亏损甚至破产。比如英国铁路公司私有化之后经营利润逐年下降，经常出现出轨、晚点等交通事故，这主要是因为私有化后的公司缺乏对公司维修基金的长期投资，设备老化等问题日益突出。2001年英国铁路公司欠债达33亿英镑，宣告破产。英国政府为此不得不收回铁路维护权。③

（3）经理层受到的政府管制和市场监督增强（20世纪80年代末至今）

20世纪70年代末至80年代末以来，西方发达国家的左翼政党和右翼政党、西方发达国家和发展中国家、资本主义国家和社会主义转型国家以及国际经济和金融机构，关于国有企业的改革形成了高度一致的观点：国有企业的私有化可以解决国有企业的弊端，提高经济效率。根据托马斯·皮凯蒂的估算，美国、英国、法国、德国和日本等发达国家的公共资产（扣除债务）所占比例在70年代末为15%—30%，之后逐渐下降到2020年时基本接近为零，有的国家甚至达到负数。④直观地，

---

① 周淑莲、刘述意：《国有企业的管理与改革》，经济管理出版社1989年版，第20页。
② 杨洁勉：《战后西欧的国有经济》，上海外语教育出版社1988年版，第124页。
③ 常辉：《20世纪西方大国资本主义国有经济研究》，人民出版社2016年版，第168—169页。
④ Piketty, Thomas. *A Brief History of Equality*. Harvard University Press, 2022, p. 231.

这表明发达国家由某种程度的混合经济蜕变为超级资本主义。在私人财富不断增长的情况下，发达国家政府却变得非常贫困，公共债务的积累不断限制政府的财政支出预算，从而使其无法在危机时期或经济衰退时期充分发挥反周期调节的作用。

将国有企业私有化这一改革观是华盛顿共识的重要组成部分，但改革过程引发了诸多问题，有些国企改革项目不仅没有提高效率、扩大投资，反而亏损严重，导致高额的经济和社会福利损失；改制后的国有企业并没有解决之前国有企业的官僚主义问题，而是产生了新的官僚管理者；改制过程和放松监管几乎同时进行，监管的缺乏引发了规制俘获问题从而产生了大量食租者，权钱交易、化公为私方面的问题严重。比如英国在撒切尔夫人掌权后的40年间，出售了160万英亩公共土地，这相当于英国国土面积的8%，还有40万英亩土地在私有化中消失不见。作为典型案例，英国电网企业National Grid和天然气企业Wales在这一过程中成为地主，通过出租土地获得收入。[①] 这些问题表明虽然政府失灵引致国有企业的改革历程，但是国有企业的改革却导致了市场失灵问题。

发达国家数十年的国企改革实践为曾经的"私有化热情投去了苍白的一瞥"，"一种新的、更注重实际的共识正在形成"。[②] 这种新共识可以表述为"看不见的手"和"看得见的手"的紧密配合，或者说强大的企业（包括私有企业和公有企业）和能干的政府机构成为合作伙伴。伴随这一新共识的是对传统的产权理论和委托代理理论的质疑：首先，决定企业效率的关键不在于产权转变而在于治理结构；其次，如果要提高国有企业的效率，那么其治理监督体系就不应该完全照搬私有企

---

① Christophers, Brett, *Rentier Capitalism: Who Owns the Economy, and who Pays for it?* Verso, 2020, ch. 6.
② 约瑟夫·E. 斯蒂格利茨：《序》，热拉尔·罗兰主编：《私有化：成功与失败》，张宏胜等译，中国人民大学出版社2011年版。

业的做法，而是应该通过政府（委托人）和经理（代理人）之间形成亲密的合作关系，为实现国有企业明确的、量化的发展目标达成一致的发展举措。①

这些变化在实践上一定程度扭转了以私有化和去管制为特征的新自由主义的扩张，在产权方面出现了新的再公有化趋势。②如英国的铁路再国有化③，美德在国际金融危机中的国有化救助政策④，以及2013年11月3日，德国电力行业掀起反私有化浪潮，首都柏林全民公投欲将电网收归国有，以驱逐控制柏林电力的外国公司，之前10月份第二大城市汉堡已经通过了类似的提议⑤。据统计资料，目前在全球范围内，国有企业依然占有20%的投资和5%的就业，并在一些国家产出中占比高达40%以上。例如，挪威2008年国有企业权益接近GDP的70%；瑞典国有经济所占比重在欧洲国家最高，一度达到50%；意大利全国100个最大工业公司的增加值中，国家参与制企业占50%；在新加坡，国有经济效益超过了非国有经济。⑥IMF的报告也表明在发达国家如法国、意大利和挪威，国有企业通常属于规模最大的那部分公司，依然在电信、邮政和医疗行业占据

---

① Garner, Maurice R, "The Theory of Public Enterprise Reconsidered", *Annals of Public and Cooperative Economics*, 67 (1), 1996, pp. 85 – 115.

② Florio, Massimo, "The Return of Public Enterprise", January 29, 2014. Available at SSRN：https://ssrn.com/abstract = 2563560 or http://dx.doi.org/10.2139/ssrn.2563560.

③ 《英国铁路意外的国有化》，《经济观察报》2009年7月4日。

④ 郭迎峰、沈尤佳：《本轮危机前后的国有化研究概况及实践评析》，《管理学刊》2014年第5期。

⑤ 杨思远：《德国的国有化与中国国企改革》，《国企》2014年第11期。

⑥ 宋方敏：《着眼于做好国企改革大文章》，《红旗文稿》2014年第9期。

关键地位。新兴经济体包括中国、印度、印度尼西亚、马来西亚、俄罗斯和沙特阿拉伯等，国有企业持续发展壮大，在其规模最大的那些企业中占据了1/3及以上的比例。在资产规模上，2018年全球国有企业资产估计达到45万亿美元，占GDP的50%；在企业收益上，全球收益前十大非金融企业中，有一半是国有跨国公司，包括中石油、德国大众和沙特石油等。国有企业既是国家提供关键服务、实现可持续发展的重要工具，也日益成为国际贸易和投资的重要参与者。[1]

从治理体系角度而言，这一新共识加强了政府对公有企业和私有企业的管制[2]，对国有企业职业经理人的企业控制权和激励约束制度也不可避免地产生了一定影响。从企业控制权而言，虽然具体经营由职业经理人掌握，但是国家通过优势股份或优势表决权参与企业重大事项的决策。从经理人的激励约束制度而言，首先，国家对高管薪酬的监管力度增强。整体而言，国有企业高管薪酬水平通常低于私有企业大公司CEO的年薪水平，且其内部薪酬差距也明显低于私有企业。比如英国国有股东管理事务局作为国有资产的代理人会参与国有企业的人事任免和薪酬决定，政府部门也会适时地否定国企高管的奖金上限提升计划。[3] 其次，国家对外聘职业经理人和担任经理的政府官员往往采取不同的薪酬制度。比如法国推出的法案规定，凡是国有企业或国家是大股东的企业，其代表国家利益的高管最多拿该企业10%最低工资者平均工资20倍的薪酬，最高年薪不得超过45万欧元。但外聘的职业经理人收入不在此法律范围之内。最

---

[1] IMF. *Fiscal Monitor Policies to Support People during the Covid-19 Pandemic*, April 2020, chap 3.
[2] 魏伯乐等主编：《私有化的局限》，王小卫等译，上海人民出版社2006年版，第12—13页。
[3] 吴心韬、罗欢欢、陈济朋：《国外国企高管收入"框框多"》，《决策探索》2014年10月下半月。

后，经理层的报酬在国家的监督和社会的压力下走向透明化、公开化。比如德国汉堡颁布新条例，规定国企高管必须在年终总结附件中公布与业绩挂钩的收入以及与业绩不挂钩的收入，2013年，汉堡首次公开50位国企高管的固定收入，并进行排名。[①]

除了上述政府对企业的监管以外，随着现代股份制的建立，作为出资人的股东可以直接或者间接地约束职业经理人，在一定程度上起到监督作用。这种监督作用对经理层的影响巨大，对英美模式而言尤其如此。以美国为例，企业股份高度分散化，股份多为机构投资者持有，高度流动性的股票市场和发达的企业控制权市场迫使企业的经理层提高企业业绩，同时企业运用股票和期权等方式引入了对经理层的中长期激励。不过，作为主要股东的机构投资者投资的主要目的是从证券市场获利，而非与企业维持长期稳定的合作关系，[②] 其持有的资产组合多半不超过一年，这意味着股东日益具有短期视角，主要着眼于获得短期资本收益、避免短期资本损失。股东的这一价值倾向削弱了经理层的自主性，并与经理人的长期发展视角——企业长期的再生产、增长和安全，构成了一定程度的矛盾。在股东价值最大化思想的影响下，企业经理层面对市场竞争压力可能更倾向于销售资产以应对短期利润的下降，而非扩大投资通过技术进步在竞争中处于优势地位。[③] 这样，企业和货币与金融市场再次形成紧密的联系，经济的重点不在于资本发展而在于对利润

[①] 姚蒙等：《国外为国企高管定薪酬：用透明和限高平息争议》，《环球时报》2014年9月1日。

[②] 杨瑞龙主编：《国有企业治理结构创新的经济学分析》，中国人民大学出版社2001年版，第253—254页。

[③] Crotty, James R, "Owner-manager Conflict and Financial Theories of Investment Instability: a Critical Assessment of Keynes, Tobin, and Minsky", *Journal of Post Keynesian Economics*, 12 (4), 1990, pp. 519-542.

的投机。公司经理层的主要目标不再是从生产和交易中赚取利润，而是确保公司的负债在金融市场上能够被充分定价，从而提升给予股东的价值。① 这一趋势既抑制了企业的创新能力和长期发展潜力，也导致了经济的脱实向虚和金融不稳定。

　　股东价值最大化的治理理念引起了诸多讨论。经理层在以华尔街为代表的金融资本的压力下，不得不实施一系列改革提高企业股票价格，如加强成本管理、解雇员工和减少社区捐赠等，这很大程度上损害了相关者利益，如企业员工、供应商、社区和国家的利益。拉佐尼克等学者质疑了"股东作为剩余索取者"的观点，认为企业的投资尤其是创新型投资具有集体性、累积性和不确定性特征，工人、股东和国家都为了获取未来不确定的回报而承担了风险，国家在基础设施、基础知识和创新研发方面提供了大量补贴，工人的专用型人力资本不能在企业之间自由流动，这意味着他们也部分承担了投资风险，所有这些相关利益者都应该参与分享创新的回报。② 为了维护企业利益相关者的利益，应对不断兴起的恶意收购浪潮，美国29个州的政府和企业管理层推动修改了各州的公司法，其中的关键一条是授权董事会在决策变动时不仅要关心公司股东的短期和长期利益，而且要考虑到公司相关利益者包括股东、员工、客户、供应商、债权人和其他社区成员的短期和长期利益。这一举措

---

① Minsky, P. Hyman, "Schumpeter and Finance", in Salvatore Biasco, Alessandro Roncaglia and Michele Salvati, Eds. *Market and Institutions in Economic Development: Essays in Honour of Paulo Sylos Labini*, London: MacMillan, 1993, pp. 103 – 115.

② Lazonick, William, and Mariana Mazzucato, "The Risk-reward Nexus in the Innovation-inequality Relationship: Who Takes the Risks? Who gets the rewards?". *Industrial and Corporate Change* 22.4 (2013): 1093 – 1128. 威廉·拉让尼克：《创新魔咒：新经济能否带来持续繁荣》，黄一义、冀书鹏译，上海远东出版社2011年版，第186—187页。

挑战了股东利益最大化的治理模式。① 在当今世界，更加关注环境、社会和治理（ESG）责任的企业治理理念，以及促进职工参与公司治理的治理主体民主化理念（如德国的劳资共决制和美国的职工持股制），都将影响企业从单一化的股东价值最大化向多元化的治理结构转变。

2. 日韩后发国家国有企业职业经理人制度的发展历程

日本和韩国的国有企业制度包括职业经理人制度也经历了与西欧国家类似的阶段性变革过程，但后发国家主导的工业化道路和东亚文化的特有属性也让这一变革具有一些自己的特点。

首先，在去国有化浪潮之前，日韩国有企业经理层的官僚性和计划性色彩更为浓厚。日本和韩国之所以建立国有企业，除了满足公益事业建立和发展的需要之外，也是作为后发国家加速资本积累、赶超发达国家的要求。比如国有企业主要分布在政府重点支持的基础产业和主导产业。以韩国为例，在1990年，韩国国有企业最多的部门是运输、保管和通信，占全部国有企业的25.7%；其次是制造业，占22.8%；再次是供电和供水系统，占19.2%。制造业国有企业所占比重在1975年达到峰值，供电和供水系统1986年达到峰值，运输、保管和通信业所占比重在1986年后达到最高。② 国有企业在不同行业分布结构的变化，反映了韩国政府在不同时期的产业支持重点不同。这种市场经济体制相比于西方国家具有更多的计划调节色彩，国有企业经理层在这一体制中也更多地基于政府的计划方向而非市场需求作出投资决策。比如日本大型国有企业直接受到国会、所属政府部门和有关政府部门的管制，经理层对企业财务、经

---

① 杨瑞龙：《国有企业治理结构创新的经济学分析》，中国人民大学出版社2001年版，第256—258页。
② 宋涛、卫兴华主编：《40位经济学家关于推进国有企业改革的多角度思考》，经济科学出版社1996年版，第498页。

营和人事方面的事务缺乏管理权。

其次,日韩的国有企业改革以及相应的职业经理人制度改革都晚于西欧国家。日本自1985年开始实施较大规模的民营化,减少政府对企业资产持有的比重,日本最大的三个国有企业包括日本电信电话公社、日本专卖公社和日本国有铁道都实行了民营化。韩国从1993年开始实施大规模的民营化计划,将全部国有企业中133家中的61家国有企业实行了民营化。从企业微观治理机制而言,国有企业民营化的结果是政府大大减少了甚至放弃了对企业运营的权力和控制,企业开始按照公司制规则运行。

最后,日韩国有企业改革以及相应的职业经理人制度改革所遇到的阻力在某种程度上可能比西欧国家更加强烈,导致的效率损失可能更高。日本和韩国的官僚力量对经济的影响更大,政府部门相对而言更不愿意放弃对国有企业的控制权,这意味着国有企业改革面临着很多内部压力,而强制推行会增加改革的政治成本。在民营化过程中,虽然很多项目是通过市场招标的形式进行,但日韩原本私人企业结构高度垄断,往往是大财阀凭借其庞大的实力控制了国有企业,进一步加剧了财阀垄断,妨害了市场竞争,没有达到民营化原本要增强企业活力、提高市场效率的目的。正是这样的结果,使得很多日韩学者开始反思民营化究竟是否属于提高经济效率的有效手段。

3. 发展中国家国有企业职业经理人制度的发展历程

拉丁美洲、非洲和南亚等很多发展中国家在民族独立运动后,通过进口替代策略实行国家和国有企业主导的工业化道路。自20世纪90年代以来,这些国家的国有企业经历了大规模私有化改革,它们的国有企业改革和职业经理人制度改革与西欧发达国家和日韩等后发国家存在差异。整体而言,这些国家对国有企业职业经理人制度改革的探索受到了内外因素的诸多限制，国有企业的改革效果并不乐观。

第一，发展中国家和中低收入国家的国有企业产权改革和治理结构改革很多集中在基础设施和公共事业领域。这些国家经济贫困，一般而言制造业基础薄弱，所以并没有大量战略性行业和制造业领域的国有企业。考虑到水务、电力和公共交通领域国有企业提供的服务与公众生活密切相关，工会和地方政府反对地区企业私有化，以及掌管公司的官僚、政党和政府官员希望保留公司的经营管理权等多重因素，政府在国有企业改革过程中并不会完全放弃管理权，往往是在保留部分所有权的情况下，负责制定政策和收费标准。这样，国有企业很多政客和管理官员从国有企业中获得实惠的局面没有改变，包括借用公款、收受礼品、获得住房、高级会员身份、亲朋好友的工作安排和吃拿回扣等。

第二，很多国家国有企业改革的主要目的并不是提高企业经营效率，而是希望通过出售国有企业资产来缓解政府财政预算的沉重负担，改善公共财政状况，这样，职业经理人制度的改革并没有成为国有企业改革的重要内容。国际货币基金组织、世界银行和欧美跨国资本在其中起了推波助澜的作用。比如一些非洲国家的财政状况恶化的重要原因，在于国际货币基金组织要求其切断对国有企业的直接预算资金，国有企业不得不借债运营，这会导致债务无法偿还的问题，从而迫使国家推进国有企业的私有化改革。对这些国家而言，"私有化改革的主要动机是安抚像国际货币基金组织和世界银行这样的国际金融组织"。[1] 国际金融组织强制介入这些国家的国有企业改革，比如世界银行的下属单位国际金融公司成为具体交易的投资者之一，

---

[1] 约翰·内利斯：《非洲私有化：历史与未来》，热拉尔·罗兰主编：《私有化：成功与失败》，张宏胜等译，中国人民大学出版社2011年版，第103—129页。

随后这些组织参与了企业微观管理，但缺乏必要的政策和监管框架。一些大型跨国公司如西班牙德佳德斯（Dragados）、法国艾吉斯（EGIS Projects）或布伊格（Bouygues）和澳大利亚麦考利（Macquaries）都在许多国家的国有企业竞标中开展了激烈的竞争。

第三，很多国家国有企业的职业经理人制度改革缺乏宏观层面行之有效的法律和经济体制支撑。在经济上，缺乏产权的定义和保护，缺乏破产制度和破产保护，没有发展形成成熟的资本市场，从而也不存在公开的股票价格可以作为股票市场参与者评判经理人表现的依据。在法律上，法院的裁决是以经济报酬为基础而非以法律为基础，无法采用法律手段执行合约、解决争端。在缺乏这些制度保障的情况下，国有企业的私有化和职业经理人的引入无法带来企业经营效率的提高。从经验证据来看，对于竞争性行业国有企业的私有化并没有带来效率上的转变，国有企业改革在盈利方面的成绩主要来自那些受监管的、基础设施服务部门的企业，后者主要是通过提高价格和裁撤雇员的方式实现。反之，在股票信息环境改善的情况下，国有企业私有化改革可以改善管理者的激励，并有利于优秀经理人的选拔。

（三）中外国有企业职业经理人制度的发展历程比较

西方发达资本主义国家自20世纪70年代新自由主义时期以来经历了国有企业的改制过程，在20世纪80年代后期，这一过程对包括中国在内的社会主义国家激起长久的回响，逐渐对中国经济改革包括国有企业改革的方向产生了深刻影响。通过回顾我国和其他国家国有企业职业经理人制度的改革历程，可以发现，中外国有企业职业经理人制度改革存在很多相似之处，但我国国有企业职业经理人制度的改革存在显著的中国特色，本节重点对中外国有企业职业经理人制度发展沿革进行比较。

1. 中外国有企业职业经理人制度演变的相同点

与发达资本主义国家相比，中国的国有企业成立的背景和目的都不相同。中国的国有企业成立于新民主主义革命胜利之后，当时中国的现代工业占比很小、工业基础薄弱，西方的国有企业在二战之后大幅增加，现代工业占据主导地位；中国的国有企业是在马克思主义的公有制理论和毛泽东新民主主义经济纲领指导下建立的，目的是实现新民主主义向社会主义的过渡，西方的国有企业是在凯恩斯主义理论和左翼政党的国家干预理论的指导下建立的，目的是克服市场失灵、实现国家对资本主义再生产过程的重组。尽管中国和发达国家的国有企业的建立始于不同的背景和目的，但鉴于国有企业存在的一些共性问题，比如有些国有企业难以满足效率目标，政府控制使得企业依赖于政府补贴，以及企业的商品难以满足消费者的需求等，西方发达国家和中国先后于20世纪70年代末期开启了国有企业的改革进程。

首先，中外国有企业经理层对国有企业经营活动的控制权均不断增强。企业组织改革的过程，基本上是一个中央将经营权、管理权、销售权和收益权不断下放到微观企业的过程。有学者指出在计划经济体制下，源于政治过程的社会主义工业关系的制度框架形成了以"铁饭碗"和工作场所福利制为核心的劳动关系结构，这限制了管理者对劳动过程执行纪律的能力，使管理者从来没有能够有效地控制和协调生产过程。[①] 随着国家对企业直接管理的放松、企业逐渐对市场而非对政府部门负责，

[①] 路风：《国有企业转变的三个命题》，《中国社会科学》2000年第5期。

经理层对企业经营的自主权增加。进一步地，随着企业制度现代化，企业建立了适应市场竞争的法人治理结构，实现了从承担较多政府职能到符合经济效益性和社会公共性双重目标的转变①，经理层掌握了国有资本循环的各个环节，集中了对企业生产性资源的配置权。这一趋势表明中国国有企业经理人制度改革的主线与西方国家的改革方向存在耦合，国家与企业的关系都出现了阶段性和趋势性变化②。

其次，对国有企业经理层的激励制度也随着对股东价值最大化的反思而逐渐摆脱了产权迷信。通常的观点认为，只有经理层掌握了企业的产权或者剩余控制权，才有利益动机提高企业经营效率，这被视为对经理层进行股权等长期激励的基本依据。但股东价值最大化治理模式的诸多实践表明，如果股权代表的金钱利益成为经理层唯一动机，那么他们倾向于追求股票市场价格而牺牲企业的长期利益，对他们而言，出售股权并放弃对企业的组织承诺是一个理性选择，拥有股权的个人经济利益并不一定能够使管理者履行对组织的承诺。一些经验证据表明，在我国国有企业改革实践中，很多经理层领导国有企业成功走出泥潭并使其崛起成为民族工业的支柱，他们的最初动机是出于对企业命运的担忧。在公司治理结构由股东价值最大化向相关利益者治理模式转变的过程中，如何激励经理层将企业短期利益和长期利益相结合、将个人经济利益和企业发展相结合、将企业绩效和社会责任相结合，使得经理层个人职业生涯的成功与企业组织的成功紧密结合，依然是改革实践中值得探

---

① 刘中桥：《中西方国有企业发展比较》，经济科学出版社2000年版，第117—119页。

② Galambos, Louis, and William Baumol, "Conclusion: Schumpeter Revisited", Toninelli, Pier Angelo, and Pierangelo Maria Toninelli, eds, *The Rise and Fall of State-owned Enterprise in the Western World*, Cambridge University Press, 2000, pp. 303–310.

索的问题。

再次，随着经理层对企业控制权的集中，不论是中国还是西方国家对经理层的管制和监督力度都加大了。国有企业的改革并不意味着国家从市场经济中退出，而是意味着国家以一种新的形式与市场经济相结合。国家作用的这一变化在国有企业职业经理人制度上表现为：国家都注重在完善经理层激励制度的同时，控制企业内部的收入差距；通过完善股权制、促进信息公开等方式，加强对经理层的决策监督，以避免内部人控制和寻租等问题。这反映了股份制企业和国有企业在所有权和经营权分离以后都面临着激励和控制问题，正如斯蒂格利茨在《自由市场的坠落》一书中所写的，"美国经济学家赫伯特·西蒙曾经指出，人们过分夸大了现代资本主义与官办企业之间的差异。在这两种体制下，每个人都是在为别人打工。用来激励经理人与工人的激励机制是完全相同的。正如他所说：'大多数生产者都是企业的雇员，而非企业的所有者……古典经济学理论认为，除非企业主能很好地监督生产者的工作，否则生产者是没有理由去最大限度地提高企业利润的。此外，在这方面，营利企业、非营利组织以及官僚组织是没有任何区别的，他们在如何鞭策雇员去实现组织目标方面需要面对相同的问题。没有任何先验的理由可以解释，为什么在追求利润最大化的组织中产生的正面激励要比在目标多元化的组织中产生的这种正面激励要容易（或困难）得多'"。[1]

最后，中外国有企业经理人制度的改革都经历了辩证否定的过程。国有企业经理人制度的改革本质上是对国家和企业关系的重新界定，改革从国家放权、国家退出经济开始，最后却以国家管制增强、国家重新介入经济作结。不论是国家重新将

---

[1] 约瑟夫·斯蒂格利茨：《自由市场的坠落》，机械工业出版社2011年版，第176页。

部分公益性企业再国有化，还是为了增强市场竞争而拆分大型垄断企业，都是国家介入的表现。即使一些国家将国有企业私有化，这也不意味私有化的企业脱离了政府的控制，政府仍然在通过直接或者间接的手段控制企业。国有企业的改革一直是一个企业与国家和市场的互动过程。这一过程突破了最初支撑这一过程的新制度经济学产权理论和委托代理理论，以及潜藏于这一理论背后的资本主义与社会主义、私有与公有、市场与国家之间二元对立的霸权话语。这种认识有助于理解为什么俄罗斯和东欧国家的激进市场改革会失败，国有企业改革不是仅仅实现产权改革和硬预算约束就能适应市场经济体制，企业组织的转变是一个长期演进的学习过程，它的变化涉及比产权改革更多、更复杂的制度变化。领导俄罗斯休克疗法的新自由主义经济学家和新古典经济学理论恰恰忽视了这一点，缺乏对社会主义企业内部社会关系结构和组织运行的制度安排的理解。

　　面对改革中出现的实践复杂性，理论界更加强调治理结构和竞争环境对企业效率的影响，以及更细微层面上国企职工的价值观和工作伦理的变化对国有企业向盈利公司成功转型的重要性，而非盲目崇拜产权结构的变化。有学者研究了西欧基础性产业国有企业的私有化情况，认为一些国有企业私有化后绩效测量指标的改善可能难以归因于私有化本身，市场竞争条件对它们的影响更大，比如产品市场上的低强度竞争和高盈利性，而且很多成功改制企业在私有化之前已经进行了深入的结构调整。[①] 国内学者也明确指出，"国家所有权不是经济绩效差的直接原因，而私有化也不是实现组织转变的必要条件，所以产权改革至少不可能是企业组织转变的起点"，主张企业微观层次上

[①] 贝尔纳多·博尔托洛蒂：《西欧的私有化：典型实例、结果和未决的问题》，热拉尔·罗兰主编：《私有化：成功与失败》，张宏胜等译，中国人民大学出版社2011年版，第30—71页。

有利于实现管理控制的组织形式和制度结构的变化对企业命运至为关键，建议国家的改革应该将立足点放在有助于企业实现对生产过程管理控制为目标的管理组织形式的转变上，推进形成一个积极的、有聚合力的和负责任的管理层的形成，使得他们能够在市场竞争战略的推动下加强对生产过程的管理控制。①政策制定者也提出讨论利益相关者模式，而不再受限于股东价值最大化模式。我国对国有企业的职业经理人制度改革也是这一辩证否定过程的具体体现，通过改革人事任命制度和行政管理结构来提高企业的运行效率。

2. 中外国有企业职业经理人制度演变的不同点

中外国有企业经理层在改革的过程中都增强了对企业经营活动的控制权，并且在控制权增强之后都受到了国家更有力的管制和监督。在这一过程中，中国国有企业职业经理人制度的变革也呈现出了与西方不同的特征：中国共产党作为一种政党制度始终嵌入国有企业经理人制度。

（1）党组织嵌入国有企业经理人制度

在国有企业改革之前，国有企业的经营主要决定于经济计划，经理层对人事、融资、原料采购、企业经营和收入分配（包括职工的收入和福利）几乎没有决策权。国有企业经营管理者是具有行政级别的国家干部，其选拔、培养、考核和工资等与党政机关没有区别，受到的监督约束是通过干部管理体制得以保证的。这一时期没有形成独立的经理阶层，厂长对企业的管理接受党委领导，党委书记依条例规定可以成为工厂管理委员会的成员，参与经营管理决策。

在国有企业改革初期的放权让利阶段，国家对企业管理层

---

① 路风：《国有企业转变的三个命题》，《中国社会科学》2000年第5期。

的人事制度进行了一些积极探索，实行党委领导下的厂长负责制。政府对管理层实行下管一级，厂长（经理）由政府主管委任、招聘并报部门主管批准，企业行政副职的任免或奖惩，由正职提出经政府主管部门审查批准。不过整体而言，这一时期管理层的任用制度基本上沿用了党政领导干部的任用制度。

随着国有企业现代企业制度的确立，厂长（经理）负责制转变为公司法人治理结构，人事制度改革取得重大进展。不过，政府和国有企业虽然在形式上分离了，但是党组织对企业治理的重要性没有改变。1993年12月颁布的《中华人民共和国公司法》中确立了党对国有企业的监督职能，以及党组织对国有企业人事和三重一大事项的决策权，这些关于党组织的决策在之后政企分开的改革后得以延续和发展。1997年1月，《中共中央关于进一步加强和改进国有企业党的建设工作的通知》细化了党组织参与国有企业治理的内容、途径和方法。1999年9月《中共中央关于国有企业改革和发展若干重大问题的决定》明确了党组织参与国有企业治理的具体形式——"双向进入，交叉任职"。党的十六大、十七大和十八大对《中国共产党章程》的多次修订都保留了党组织在国有企业中的政治核心地位和参与企业重大问题决策的权利。国有企业职业经理人改革的过程一直伴随着如何实现党组织和企业治理结构的有机结合的探索。

2016年10月，习近平总书记在全国国有企业党的建设工作会议上的讲话指出，中国特色现代国有企业制度，"特"就特在把党的领导融入公司治理各环节，把企业党组织内嵌到公司治理结构之中。这一讲话表明党的领导不仅是现代国有企业制度的不可或缺的一部分，而且是区别于资本主义国家国有企业制度的关键特征，为国有企业职业经理人制度的发展完善指明了方向。2017年5月，《国务院办公厅关于进一步完善国有企业法人治理结构的指导意见》要求将党建工作总体纳入国有企业章程，明确了党组织在国有企业中的领导核心和政治核心地位，能够以"双向进入、交叉任职"的方式参与国有企业经营决策，是国有企业法人治理结构的有机组成部分，将党组织研究讨论作为企业决策重大问题的前置程序。2017年10月修订的《中国共产党章程》确立了党组织在国有企业中"把方向、管大局、保落实"的重要职能。国有企业党组织与董事会"双向进入、交叉任职"制度和重大决策事项"讨论前置"制度，将党组织"把方向、管大局、保落实"的领导核心和政治核心落实到企业决策过程，对改善国有企业治理结构具有关键性的意义。

中国共产党的领导作为一种经济制度可以通过内部机制和外部机制来影响国有企业的运营。具体而言，一方面，党组织可以通过人事任命制度从外部确保党对国有企业运营的影响。传统上组织部决定了国有企业的人事任命、升迁和解雇，体现了党管干部的原则。国资委成立以后，国有重点企业领导人的管理层任命仍由中组部负责。同时，国资委开始探索坚持党管干部和市场化配置企业经营管理者相结合，在选拔方式上，采取考试与考察相结合，改变了过去仅由组织部门考察的做法；在任用方式上，改变传统的委任制，采取聘任制，实行契约化管理，有严格的准入机制和正常的退出机制。另一方面，党组织可以从内部影响国有企业的运营。国有企业领导主要来源于共产党内部，党支部书记依然在国有企业发挥领导作用。党的核心团队构成了核心的决策力量，它的成员也占据了管理者和董事会的高层职位。这一点确保了党组织在国有企业中的政治核心作用，保证并监督了党和国家的方针政策在国有企业的贯彻执行，而国家在大型国有企业中保持影响力被认为是中国成功的渐进式改革的重要经验。

首先，党组织具有更为有效的激励约束机制，不仅体现在它对企业管理者的考核监督体系上[1]，而且表现为：首先，党组织可以通过巩固增强党的意识形态来解决委托人和代理人之间的矛盾，从根源上防范管理者的道德风险和贪污腐败问题，从而作为一种经济权力在社会主义市场经济中发挥作用[2]。其次，党组织作为一种协调委托人和代理人矛盾的组织形式能够降低代理成本、减少高风险投资和加强内部监督，有利于从改善治理体系的角度提高企业的运营效率、化解金融风险，由此党的政治优势便可以转化为企业的竞争力。已经有一些量化研究证明党组织参与公司治理能够较好地抑制国有企业高管的隐性腐败问题[3]，而且通过抑制国有资产或股权的低价转让有助于抑制潜在的国有资产流失问题[4]。

党组织的这些实践意味着，西方学者在20世纪90年代以来关于国企改革的新共识——强调政府管制和企业治理以提升经济效率，早已经在中国的探索实践中得到了因地制宜的体现。

其次，党组织作为一种组织协调制度能够真正实现多元化的相关利益者治理模式。它能够通过全心全意依靠工人阶级办企业，坚持和完善职工董事、职工监事、厂务公开等制度，支持工会组织充分发挥作用，鼓励职工代表有序参与公司治理，在国有企业内部形成民主管理的氛围；可以协调国有资本发展和工人收入之间的关系，将工人的收入与福利和企业经济效益密切结合起来，不断完善企业内部的分配制度；同时国有企业

---

[1] 张弛：《国有企业党组织与现代企业制度冲突吗？》，《当代经济研究》2019年第12期。

[2] 孟捷：《中国共产党与当代中国经济制度的变迁》，《东方学刊》2020年第1期。

[3] 严若森、吏林山：《党组织参与公司治理对国企高管隐性腐败的影响》，《南开学报》（哲学社会科学版）2019年第1期。

[4] 陈仕华、卢昌崇：《国有企业党组织的治理参与能够有效抑制并购中的"国有资产流失"吗》，《管理世界》2014年第5期。

利润上缴财政,为国有企业服务于全社会尤其是改善非正规就业人口的福利和保障提供了条件。

很多发达国家在国有企业职业经理人制度改革前后都没有打破高度集中的精英管理体制,无法将相关利益者群体的利益考虑在内。以英国为例,二战后初期国有企业的管理者和监督者是少数私有公司的精英群体,他们大多数来自那些被国有化之前的私营部门,虽然他们名义上要受到特定政府部门的控制,但其运营几乎不会受到民主审查或监督。在国有企业制度改革以后,英国的国有企业依然延续了精英代表的管理模式。例如在2008年国际金融危机中,大部分国有银行被私有化,这些国有资产的管理者来自引发危机的商业银行卡特尔,再如BBC的董事会通常来自公司部门和金融部门,而不能反映更广泛群体的利益表达。

(2) 中国特色国有企业经理人制度为企业治理提供中国方案

关于中国国有企业与政府的关系,有以下几种代表性观点。第一种观点[1]认为中国的国家机构是强大的、庞大的和内在一致的,国有企业因为其国有性质而被作为国家的臂膀,贯彻国家在国内外的政策。一些国外学者[2]认为第一种观点太过简化,他们基于中国在20世纪80年代的改革经验,认为中国的官僚政

---

[1] Luft, G., "Fueling The Dragon: China's Race into the Oil Market", Institute for the Analysis of Global Security, 2004, http://www.iags.org/china.htm.

[2] Kong, B., "Institutional Insecurity", *China Security*, 2006, Vol. 3, pp. 64–88. Downs, E., "Business Interest Groups in Chinese Politics: The Case of the Oil Companies", in Cheng Li, ed., *China's Changing Political Landscape*, Washington, D.C.: Brookings Institution Press, 2008, pp. 121–41. Houser, T., "The Roots of Chinese Investment Abroad", *Asia Policy*, 5 January 2008. Kong, B., *China's International Petroleum Policy*, Santa Barbara: Praeger Security International, 2010.

治是碎片化的、非集中的，因此产生了官僚惰性和冲突，扭曲了政策实施。国有企业变得更加独立，根据商业动机而非政治动机运营，并且基于自己的利益对政策过程施加重要影响。第二种观点的提出本来是为了反对第一种过度简化的观点，讽刺的是，第二种观点也陷入了过度简化的理论困境。因为它将中国国有企业经理人制度变革的市场化方向极端化，忽视了党组织在经理人制度发展中始终发挥作用。有学者进而提出了第三种观点，指出虽然中央政府不干预企业的日常运营，并鼓励其成为可以赚取大量利润的、具有国际竞争力的企业，但是依然有很多例子证明国家利益战胜了企业的商业目标。他主张政府—国有企业的关系可以表述为科层制统治下的合作——国有企业具有日常经营活动的自主性，但是它和政府归根结底内嵌于科层制关系中，其中的权力流动是自上而下的。[1]

　　第三种观点经过正—反—正的论证过程在一定程度上揭示了中国国有企业与政府的关系，但是主张这一观点的学者进一步将公司法和西方私有企业的治理制度作为参照系，对中国国有企业的职业经理人制度中所包含的政党制度的内容进行了批判。这一观点真正忽视的是，共产党作为一种政党制度对国有企业的影响，恰恰是中国社会主义市场经济体制改革的题中应有之义，也正是中国特色的国有企业职业经理人制度的特色之所在。从本质而言，一些西方学者对中国国有企业政企关系的批判，实际上是在批判作为一种政党制度的共产党对经济的嵌入式影响，或者国家在经济发展和改革中的关键影响，这种影响体现的是中国共产党对资本逻辑及其资产阶级法权的驾驭与超越。

---

[1] Taylor, Monique. "China's Oil Industry: 'Corporate Governance with Chinese Characteristics", Xu Yi-chong, ed., *The Political Economy of State-owned Enterprises in China and India*, London: Palgrave Macmillan, 2012, pp. 69–93.

中国国有企业职业经理人制度的不变特质是对已有的国有企业制度的一个重要发展，因为它在一定程度上解决了国有企业内生的社会性（包括实现政府的政策规划、稳定社会秩序、提升公共福利和保证就业等）与经济性（股东利益、盈利目标）的矛盾。而西方发达资本主义国家从来没有解决这一矛盾。战后黄金年代，国家强调国有企业的公共利益和政治任务职能，但却一定程度上影响了企业的投资生产效率和盈利能力，弱化了股东利益和盈利目标的职能；新自由主义时期以来，随着私有化进程的持续，私人股东的引入、私有化比例的上升都意味着强化股东利益和盈利目标对国有企业经营的影响，但却导致了大量失业、公共福利损失、地区发展不平衡和社会失序等问题，弱化了公共利益和政治任务的职能。这意味着在发达资本主义国家的国有化实践中，国有企业的双重职能之间的矛盾始终没有得到合理的协调，并且国有企业的股东利益和盈利目标的职能逐渐压倒公共利益和政治任务的职能，成为主导国有企业经营决策的主要影响因素。与西方形成鲜明对比的是，中国国有企业在中国共产党的领导下，以党组织嵌入国有企业治理的方式一定程度上协调了其社会性和经济性的双重职能。中国国有企业职业经理人制度的这一特色为解决国有企业的内生性矛盾提供了中国智慧和中国方案。

四　中国国有企业职业经理人制度的改革现状

在国有企业中推行职业经理人制度，是深化国有企业改革的重要举措，是推动国有企业建立现代企业制度，深化选人用人机制改革，提升企业改革经营管理水平，不断增强国有经济活力、影响力、抗风险能力的有效途径。党和国家的多项文件和决定均为推行国有企业职业经理人制度指明了方向。经过多年探索，职业经理人在推进完善公司治理、健全市场化运行机制、深化国资国企改革等方面发挥了巨大作用，部分中央企业母公司及二、三级企业不断推进制度改革，有序推进国有企业"管理人员能上能下、员工能进能出、收入能增能减"的制度创新。本章将围绕国有企业职业经理人制度的改革现状进行深入研究。

（一）国有企业职业经理人制度改革的政策进展

以党的十八大为主要标志，我国国有企业职业经理人制度政策探索呈现出由缓到快的明显转变。党的十八大前后中央陆续出台一系列政策文件，就建立和完善国有企业职业经理人制度进行了多方面的阐述，提出了具体的要求。本节对新时代国有企业职业经理人制度的主要政策体系进行梳理，明确国有企业职业经理人制度的顶层设计和改革要求。

1. 党的十八大前国有企业职业经理人相关政策进展较慢

党的十八大前，相关政策为国有企业职业经理人制度建立奠定了政策基础，重要节点详见图4-1。

2001年	2002年	2003年	2005年	2010年
国家经贸委、人事部、劳动和社会保障部三部门下发"三项制度改革"，在国家层面为推行职业经理人制度奠定了政策基础	国务院办公厅印发《2002—2005年全国人才队伍建设规划纲要》第一次提出建设一支职业经理人队伍	《中共中央国务院关于进一步加强人才工作的决定》提出探索社会化的职业经理人资质评价制度，职业经理人制度逐步发展起来	《国务院关于鼓励支持和引导个体私营等非公有制经济发展的若干建议》提出"建立职业经理人测评与推荐制度"	2010年，《国有企业中长期人才发展规划纲要（2010—2020年）》为建立社会化的职业经理人资质评价制度奠定基础

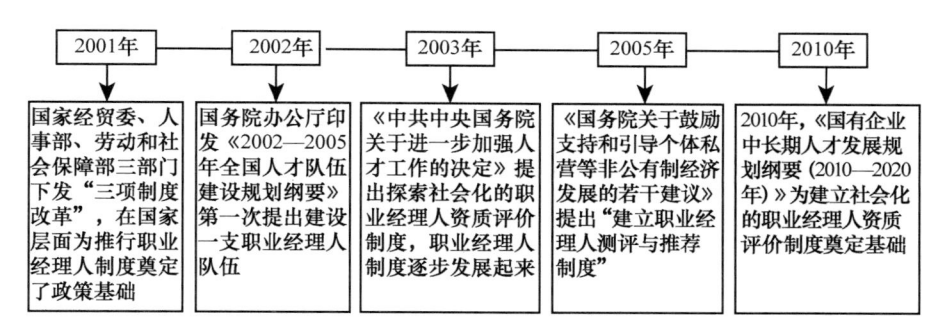

图4-1 党的十八大前国有企业职业经理人制度主要政策节点

图片来源：作者绘制。

2001年中国加入WTO后，外资企业抢滩中国市场，国内企业快速发展壮大，一些家族企业后继无人，形成了对职业经理人的巨大需求，职业经理人队伍建设提到了国家战略层面。[①] 国家经贸委、人事部、劳动和社会保障部三部门下发的文件"三项制度改革"提出建立企业管理人员能上能下、职工能进能出、收入能增能减的机制。在国家层面为推行职业经理人制度奠定了政策基础。

2002年5月，国务院办公厅印发《2002—2005年全国人才队伍建设规划纲要》，在报告中提出"要努力建设高素质、职业化的企业经营管理人才队伍。按照德才兼备原则，培养一批政治上强、能够忠实代表和维护国家利益、实现国有资产保值增值的国有企业产权代表。""建设一支职业经理人队伍。逐步实

[①] 岳清唐：《中国国有企业改革发展史（1978—2018）》，社会科学文献出版社2018年版。

行职业资格制度，加紧研究制定资质认证标准和市场准入规则。参照国际惯例，探索建立符合中国企业实际的首席执行官制度。"在这份规划纲要中，第一次提出建设一支职业经理人队伍。

2003年12月，《中共中央国务院关于进一步加强人才工作的决定》提出探索社会化的职业经理人资质评价制度，这对促进企业经营管理者素质能力水平的提高起到了很好的作用。2005年，《国务院关于鼓励支持和引导个体私营等非公有制经济发展的若干建议》提出"建立职业经理人测评与推荐制度"。2010年6月，《国有企业中长期人才发展规划纲要（2010—2020年）》提出"以提高现代经营管理水平和企业国际竞争力为核心，以战略企业家和职业经理人为重点，加快推进企业经营管理人才职业化、市场化、专业化和国际化"，"建立社会化的职业经理人资质评价制度"。这为今后建立并完善职业经理人制度的评价体系奠定了政策基础，职业经理人队伍逐渐发展起来。

党的十八大前，出台的各项政策文件在国家层面为国有企业推行职业经理人制度奠定了政策基础，使职业经理人的含义逐步得到了广泛认同，明确了国有企业建立职业经理人制度的改革方向，众多国有企业开始认识到建设职业经理人制度的重要性，职业经理人市场趋向形成，国有企业开始走上了市场化选聘职业经理人的道路并推动职业经理人培训以及资质的评价体系的探索。

2. 党的十八大后国有企业职业经理人相关政策密集出台

党的十八大后，党中央、国务院及有关部门高度重视职业经理人工作，密集出台了一系列有关政策，在国有企业中引领和推进职业经理人相关工作的开展，重要节点见图4-2。

一方面，中央关于职业经理人的政策要求不断丰富完善。2013年党的十八届三中全会《中共中央关于全面深化改革若干

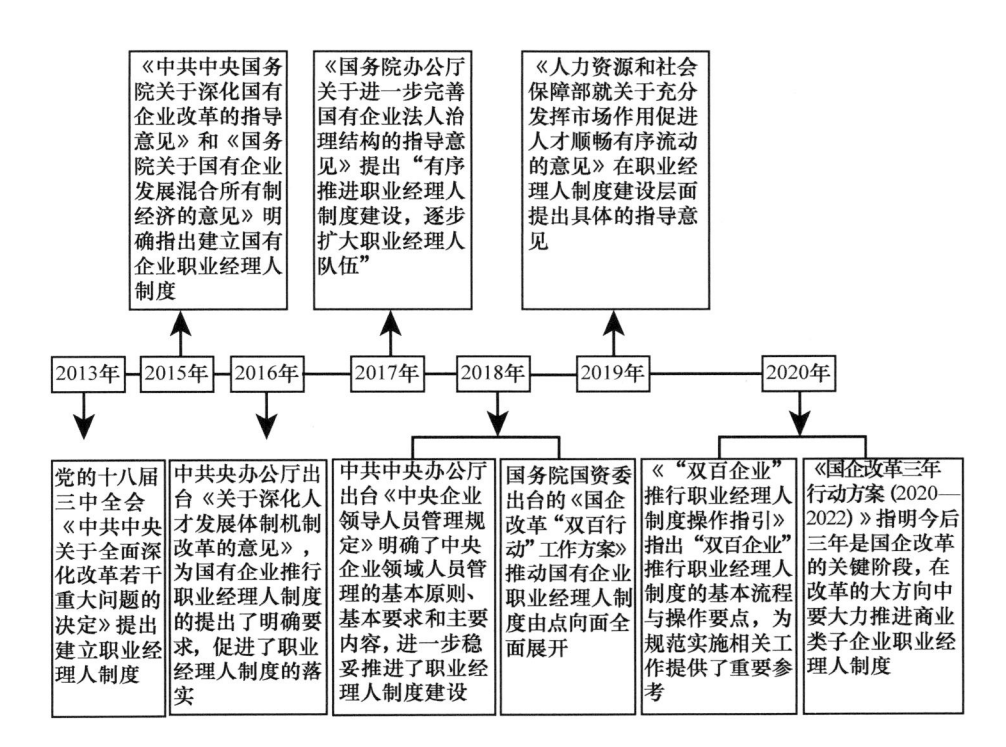

图 4-2 党的十八大后国有企业职业经理人制度主要政策节点

图片来源：作者绘制。

时间轴（2013年—2020年）政策节点：

- **2013年**：党的十八届三中全会《中共中央关于全面深化改革若干重大问题的决定》提出建立职业经理人制度
- **2015年**：《中共中央国务院关于深化国有企业改革的指导意见》和《国务院关于国有企业发展混合所有制经济的意见》明确指出建立国有企业职业经理人制度
- **2016年**：中共中央办公厅出台《关于深化人才发展体制机制改革的意见》，为国有企业推行职业经理人制度的提出了明确要求，促进了职业经理人制度的落实
- **2017年**：《国务院办公厅关于进一步完善国有企业法人治理结构的指导意见》提出"有序推进职业经理人制度建设，逐步扩大职业经理人队伍"；中共中央办公厅出台《中央企业领导人员管理规定》明确了中央企业领域人员管理的基本原则、基本要求和主要内容，进一步稳妥推进了职业经理人制度建设
- **2018年**：国务院国资委出台的《国企改革"双百行动"工作方案》推动国有企业职业经理人制度由点向面全面展开
- **2019年**：《人力资源和社会保障部就关于充分发挥市场作用促进人才顺畅有序流动的意见》在职业经理人制度建设层面提出具体的指导意见；"双百企业"推行职业经理人制度操作指引》指出"双百企业"推行职业经理人制度的基本流程与操作要点，为规范实施相关工作提供了重要参考
- **2020年**：《国企改革三年行动方案(2020—2022)》指明今后三年是国企改革的关键阶段，在改革的大方向中要大力推进商业类子企业职业经理人制度

重大问题的决定》提出"建立职业经理人制度，更好地发挥企业家作用"，进一步深化了企业内部管理人员能上能下、员工能进能出、收入能增能减的制度改革。

2015年印发的《中共中央国务院关于深化国有企业改革的指导意见》，指出"根据不同企业类别和层级，实行选任制、委任制、聘任制等不同选人用人方式。推行职业经理人制度，实行内部培养和外部引进相结合，畅通现有经营管理者与职业经理人身份转换通道，董事会按市场化方式选聘和管理职业经理人，合理增加市场化选聘比例，加快建立退出机制"。进一步推动国有企业实行内部培养和外部引进相结合的方式选聘职业经理人并探索完善中长期激励机制，职业经理人制度改革方向逐

步清晰。同年9月《国务院关于国有企业发展混合所有制经济的意见》提出推行混合所有制企业职业经理人制度。

2016年，《中华人民共和国国民经济和社会发展第十三个五年规划纲要》明确提出"建立国有企业职业经理人制度"。同年，中共中央印发《关于深化人才发展体制机制改革的意见》，在改进人才培养支持机制要点中指出，要优化企业家成长环境，研究制定在国有企业建立职业经理人制度的指导意见。《关于深化人才发展体制机制改革的意见》的出台为国有企业推行职业经理人制度提出了明确要求，促进了职业经理人制度的落实。

2017年，《国务院办公厅关于进一步完善国有企业法人治理结构的指导意见》提出"根据企业产权结构、市场化程度等不同情况，有序推进职业经理人制度建设，逐步扩大职业经理人队伍"。表明要因企施策，根据企业的不同情况有序逐步扩大职业经理人队伍。进一步推动了国有企业分层有序、全面推进职业经理人制度。

2018年，中共中央办公厅、国务院办公厅印发《中央企业领导人员管理规定》，规定特别提出合理增加经理层中市场化选聘职业经理人比例，有序推进董事会选聘经理层成员试点工作。为中央企业开展职业经理人制度在人员选聘、薪酬分配以及建立试点等方面提供了具体实施举措。同年，国务院国资委出台《国企改革"双百行动"工作方案》，明确"双百行动"中推行职业经理人制度和现有经营管理者向职业经理人身份转换属于完善市场化经营机制的范畴，是五大突破之一，职业经理人在国企改革"双百行动"中的分量可见一斑。《国企改革"双百行动"工作方案》中提出要深入把握职业经理人成长发展规律，在总结实践的基础上制定、出台新政策，更好地满足职业经理人制度建设和队伍建设的需要。"双百行动"促进国有企业职业经理人制度由点向面全面展开，也促使更多的国有企业加入职业经理人试点行列。

2019年，《人力资源和社会保障部就关于充分发挥市场作用促进人才顺畅有序流动的意见》中提出："合理增加国有企业经理层中市场化选聘职业经理人比例，畅通现有国有企业经营管理者与职业经理人身份转换通道。"为职业经理人制度建设层面提出具体的指导意见。同年3月，十三届全国人大二次会议在人民大会堂开幕，国务院总理李克强在做《政府工作报告》时提出：加快国资国企改革。积极稳妥推进混合所有制改革。完善公司治理结构，健全市场化经营机制，建立职业经理人等制度。通过职业经理人制度建设实现管理人员的能上能下、员工的能进能出、岗位收入的能增能减，通过"三能"来打破国企现有的情况，实现有效激励。这一报告表明国有企业实行职业经理人制度的必要性和紧迫性。

2020年，国务院国有企业改革领导小组办公室印发《"双百企业"推行职业经理人制度操作指引》，明确了"双百企业"推行职业经理人制度的范围和职责，同时指出推行职业经理人制度的基本流程与操作要点，为相关工作规范实施提供了重要参考。2020年，中央全面深化改革委员会第十四次会议审议通过《国企改革三年行动方案（2020—2022年）》，指明今后三年是国企改革的关键阶段，在改革的大方向中要大力推进商业类子企业职业经理人制度。

党的十八大后引入职业经理人制度改革的政策文件进一步推动了国有企业职业经理人制度的建设。相关政策文件更加全面，从明确建立职业经理人制度，到建立转换机制、退出机制、薪酬分配机制，再到形成国有企业建立职业经理人制度的指导意见，文件由点到面，逐步健全。职业经理人的概念也更加清晰，从企业经营管理者到战略企业家和职业经理人，再到企业家、市场化选聘的经营管理者和职业经理人，改革的方向和改革对象的认识均得到深化。国资国企改革配套文件均呈现出与职业经理人制度相结合的特点。在党中央、国务院及有关部门政策的指引和推动下，国有企业职业经理人队伍正在逐步扩大。

另一方面，各地方政府陆续出台职业经理人相关管理办法。在党中央、国务院及有关部门政策的指引和推动下，各省（市自治区）也在跟进加速推进国有企业改革的进程。自2014年开始，地方陆续出台职业经理人相关管理办法（见表4-1），对职业经理人的标准、退出、薪酬激励、过渡期安排等进行了规范。

表4-1　地方政府出台的国企职业经理人专项政策统计

地方	政策文件	年份
广东省	《省属企业所属企业推行职业经理人制度操作指引》	2020
上海市	《关于本市国有企业全力打响上海"四大品牌"的实施方案（2018—2020）》《上海市分类推进人才评价机制改革实施方案》	2019
浙江省	《关于推进省属企业职业经理人制度建设的试行意见》	2016
浙江省	《浙江省省属企业负责人经营业绩考核与薪酬核定办法》	2019
天津市	《天津市市管企业职业经理人管理暂行办法》	2018
河北省	《关于推行职业经理人制度的指导意见（试行）》	—
黑龙江省	《关于全省国有企业开展市场化选聘职业经理人试点的指导意见》	2018
海南省	《海南省省属国有企业推行职业经理人制度指导意见（试行）》	2017
安徽省	《省属企业实行职业经理人制度试点工作方案》	2014
广西壮族自治区	《自治区直属企业实行职业经理人制度的指导意见（试行）》	—
宁夏回族自治区	《银川市国有及国有控股企业职业经理人管理办法》	—
湖南省	《湖南省省属监管企业实行职业经理人制度指导意见（试行）》	2016

续表

地方	政策文件	年份
成都市	《关于市属国有企业市场化选聘企业负责人业绩考核与薪酬管理的指导意见（试行）》	—
洛阳市	《洛阳市国资委监管企业职业经理人选聘和管理暂行办法》	2015
深圳市龙岗区	《深圳市龙岗区区属国有企业职业经理人管理暂行办法》	2018

资料来源：作者整理。

（二）国有企业职业经理人制度改革的重要进展

目前，随着国资国企改革的深入，在党和国家的政策文件指引下，国有企业不断推进中国特色国有企业制度建设，职业经理人制度已在部分中央企业和二级企业先试先行，在董事会建设、市场化选聘、契约化管理等方面进行积极探索，逐步增加国企高管的市场化选聘比例。随着中央不断推出深化国有企业改革的配套性政策，各地方也在积极深化和加速推进国有企业改革的进程。北京、天津、山西、四川、山东、上海等地政府陆续出台针对职业经理人的专项政策，先试先行，将市场化选聘和薪酬改革纳入国企改革的重要组成部分，落实职业经理人市场化选聘改革工作。地方国有企业在职业经理人试点改革的实践探索中，因地制宜、因企施策，积累了宝贵经验。

1. 中央企业职业经理人制度改革进展

国有中央企业是中国特色社会主义的重要物质基础和政治基础之一，中央企业更为中国经济社会发展、科技进步、国防建设、民生改善作出历史性贡献，在关系国家安全和国民经济命脉的主要行业和关键领域占据支配地位,是国民经济的重要支柱。① 伴随着国资国企改革的深入推进,中央企业在党和国家的政策文件指引下,不断推进中国特色现代国有企业制度建设,在所属企业职业经理人制度建设上做出了积极探索。

(1) 中央企业推行职业经理人制度的总体情况

党的十八届三中全会提出要让市场在资源配置中起决定性作用后,国资委开始在国有企业中试点职业经理人制度。一大批企业纷纷开展市场化选聘经营管理者并积极探索职业经理人制度。截至2017年年底,中央企业二级企业中由董事会市场化选聘和管理的经理层成员达到770人。31个省份开展了落实董事会依法行使重大决策、选人用人、薪酬分配等权力的探索,22个省份在所监管一级企业开展了经理层市场化选聘和契约化管理,同时探索实行市场化薪酬分配。中央企业职业经理人制度的总体推进情况呈现出以下几方面特点。

第一,中央企业职业经理人制度建设日趋完善。按照党中央、国务院部署,国务院国资委在部分中央企业开展落实董事会职权改革试点工作,其中包括落实董事会对经理层的选聘权。国务院国资委在新兴际华集团、中国节能、国药集团开展了由董事会选聘和管理经理层的改革试点工作,3户企业共选聘了1名总经理、8名经理层副职,其中新兴际华集团经理层全部由董事会选聘和管理。对董事会选聘的经理层成员,突出契约化管理,依法与企业建立契约关系,约定聘期、业绩目标以及双方的责权利,并严格约定解聘条件。对不能完成契约目标的,按约解聘,完善了高管人员"下"的机制,促进了企业领导人员从"同纸任命""一体管理"向分类分层管理转变。比如,新兴际华集团董事会与选聘的总经理签订《高级管理人员聘书》和《经营业绩考核责

---

① 张华磊、柴莹、陈琦:《中央企业引入职业经理人制度研究》,《中国人力资源开发》2016年第20期。

任书》；实行《总经理业绩考核办法》和《总经理薪酬管理办法》，全面探索了职业经理人制度的核心要素。选聘过程中始终坚持党管干部原则，党组织在确定标准、规范程序、参与考察、推荐人选等方面把关，确保人选政治合格、作风过硬、廉洁不出问题。① 国家能源集团在实行职业经理人制度的文件中明确集团组织人事部要组织开展子公司经理层成员任期制和契约化管理工作，并将经理层成员的任期定为3年，同时明确职业经理人的岗位聘任协议包括经理层成员任期、岗位职责、权利义务、薪酬待遇、退出规定和责任追究等内容。

在总结试点经验的基础上，党中央、国务院对试点工作提出了更进一步的要求。2016年国务院国企改革领导小组将落实董事会职权试点、开展市场化选聘经营管理者试点、推行职业经理人制度试点列入"十项改革试点"，加以推进。② 2016年12月，中央全面深化改革领导小组审议通过《关于开展落实中央企业董事会职权试点工作的意见》，对落实经理层成员选聘权提出了明确要求，将对经理层成员契约化管理、推行职业经理人等改革试点推到了更高阶段。同时，中央企业在所属企业、地方国资委在所监管企业积极推行市场化选聘和职业经理人制度等改革工作。很多中央企业都在不同领域、不同范围开展了试点，实行经理层契约化管理和职业经理人制度的企业不断增多。

与此同时，国务院国资委积极探索采用公开遴选企业领导人员的方式选拔优秀年轻人才。在公开遴选工作中，中央企业党委（党组）研究把好选人关，国务院国资委党委组织专家把好评审面谈关、组织考察组把好考察关，将党管干部原则落到

---

① 国企改革历程编写组：《国企改革历程1978—2018（上下）》，中国经济出版社2019年版。
② 岳清唐：《中国国有企业改革发展史（1978—2018）》，社会科学文献出版社2018年版。

实处。先后为涉及能源、机械制造、商贸、科研的 19 家中央企业公开选了 26 名领导人员，补充了一批德才兼备、年富力强的优秀人才。从实践来看，这种方式受到了中央企业的广泛欢迎，有效促进了企业间干部资源的优化配置。

随着国企改革三年行动的纵深推进，从中央企业实际情况来看，截至 2021 年 7 月底，68 家中央企业建立了针对所属商业类子企业职业经理人的相关制度。从企业功能类别来看，商业一类建立职业经理人制度的比例最高，达到 65.45%（见表 4-2）。从行业分布来看，军工、机械设备制造、建筑行业职业经理人制度建设完成度最高（见表 4-3）。

表 4-2　　　　　　中央企业职业经理人制度的建设情况
（按企业功能分类）　　　　　单位:%

功能定位	建立相关制度占比
商业一类	65.45
商业二类	34.55
公益类	0.00

注：表中数据经过四舍五入处理。
资料来源：根据国企改革调查数据整理。

表 4-3　　　　　　中央企业职业经理人制度的建设情况
（按所属行业分类）　　　　　单位:%

所属行业	建立相关制度占比
军工	16.36
机械设备制造	12.73
建筑	10.91
商贸	7.27
发电	9.09
冶金	7.27

续表

所属行业	建立相关制度占比
矿业	3.64
石油石化	5.45
交通运输	7.27
服务	1.82
电子	3.64
通信	3.64
汽车	1.82
房地产	1.82
电网	3.64
地勘	0
仓储	0
化学	1.82
建材	1.82

注：表中数据经过四舍五入处理。

资料来源：根据国企改革调查数据整理。

第二，中央企业职业经理人签约实施比例整体较低。中央企业子企业按照制度规定与职业经理人签订了有关合同与契约的共2138家，占比5.86%。从企业功能类别来看，商业一类、二类企业的签约实施率在50%左右，公益类企业签约实施率较低（见表4-4）。截至2021年12月，中央企业子企业在职的职业经理人共5214人，占中央企业子企业经理层成员总数的5.15%。从分析来看，每家企业平均选聘职业经理人数量在2—3人（2.44），说明中央企业推行职业经理人按照单个岗位开展市场化选聘的居多，经理层成员整体推行的较少。

表4-4　　　中央企业职业经理人签约情况（按企业功能分类）　　单位:%

功能定位	签约率
商业一类	49.28
商业二类	50.45
公益类	0.28

注：表中数据经过四舍五入处理。
资料来源：根据国企改革调查数据整理。

总体来看，目前部分中央企业和二级企业先行试点，积极推行职业经理人制度，依据中央企业推行职业经理人制度建设的企业特征主要形成了四种类型：一是完全竞争性企业的全面探索。全面探索模式适用于主业处于竞争性领域以及市场化程度较高的国有企业。这类企业的特点是具有较为健全的制度机制，员工市场观念较强，人才的流动比较频繁。如中化集团、中粮集团、华润集团、保利集团、华侨集团构建经理层职级序列、业绩合同管理的职业经理人制度体系，通过建立规范的经营管理人员职级体系，基本实现薪酬能升能降、职务能上能下的改革目标，但人员退出机制仍不够畅通。二是集团新设子公司和新兴业务板块的"特区"模式。适用于国有企业新设的子公司或者新兴业务板块，拿出若干岗位探索开展职业经理人市场化选聘，所提供的薪酬具有市场化特性，所实行的管理模式也是契约化管理，在电子商务、金融、境外企业、地产等行业的企业常常采用这种模式。如中国海油、中国华能、中国华电、中电投集团、东方电气集团、宝钢、港中旅集团等企业在新兴业务板块积极推行职业经理人制度，实现市场化选聘与契约化管理。三是混合所有制企业的"双轨"模式。双轨制模式适用于被国有企业收购的民营企业，民营企业被收购之后，国有企业对原民营企业管理人员的管理模式按照职业经理人管理模式进行管理，而如果由国有企业派出经理人到被收购企业，则仍然按照原体制内的管理方式进行管理。混合所有制改革往往成为推行该模式的契机。如中国建材、华录集团等企业采用双轨制管理体制，对股东大会推荐或派出的经理人按体制内方式进行管理，董事会选聘的其他经理人则实现完全市场化。四是竞争性较低企业的零星试点模式。适用于专业性较强的高管岗位，各类岗位大多是面向市场的招聘，招聘之后签订《劳动合同》《聘用合同》《年度绩效合同》《任期绩效合约》等，明确职业经理人的市场化身份和契约化管理模式，实现对职业经理人"能上能下、能高能低、能进能出"的"强激励、硬约束"。如果聘任期满不合适，则可不再续签。如中航工业、国家电网、招商局集团等企业对专业性较强的岗位实施市场化选聘，建立市场化薪资体系与有效的退出机制。

从中央企业实际情况来看，已经有大批中央企业未批先试、主动探索引入职业经理人制度，公开资料显示，在国资委 2016 年 8 月初发布的 103 家中央企业名录中，已有 23 家尝试引入职业经理人制度，占国务院国资委下属中央企业总数的 22.3%。[①]

（2）中央企业推行职业经理人制度的主要做法

合理健全的董事会治理结构和运转顺畅的治理机制是引入职业经理人制度的重要基础性条件。董事会治理结构和治理机制完善程度不同，职业经理人制度引入的状态、效果、模式也就不同。因此，根据中央企业改革试点的情况总结形成三种类型的职业经理人制度引入模式。

一是未成立董事会条件下引入职业经理人。子公司董事会成立与否与是否引入职业经理人制度不存在直接关系，部分央企在引入职业经理人制度方面采用先快速引入、再持续完善的理念。例如，中石化销售公司未成立董事会的条件下，从实际

[①] 国企改革历程编写组：《国企改革历程 1978—2018》（上下），中国经济出版社 2019 年版。

业务拓展需求出发，直接引入三级企业或部分重要业务领域的职业经理人，实行契约化管理。

二是母公司未获批相关试点、子公司董事会获母公司自主授权条件下的引入模式。例如南方电网既没有被纳入国有资本投资运营公司试点，也不是落实董事会职权试点央企，其母公司并未获得国资委的相关授权。但是，南方电网公司通过自主探索，充分尊重其子公司南网能源公司董事会依法选择经营管理者的权利，由南网能源公司董事会主导制定方案，开展选拔、面试，选聘职业经理人，积极引入职业经理人制度，对职业经理人实行契约化管理和任期制，薪酬水平与行业水平以及绩效挂钩。

三是母公司获批相关试点、子公司董事会获母公司直接授权条件下的引进模式。已有部分公司被纳入国有资本投资运营公司试点或落实董事会职权试点，形成了"国资委—母公司董事会—子公司董事会"三层次的逐层授权模式，子公司董事会获得职业经理人的选聘权、薪酬权、考核权等相关权力。例如，新兴际华集团将在集团经理层市场化选聘基础上，借助落实董事会职权的政策试点机遇，自上而下地持续授权二级公司董事会完成所有二级、三级公司职业经理人的市场化选聘、契约化管理。再如，国家开发投资集团投资公司将经理层的选聘和管理等 70 项决策权授予国投电力董事会，推动国投电力探索任期制、实行契约化管理，推动建立职业经理人制度。

2. 地方国有企业职业经理人制度改革进展

（1）地方国有企业推行职业经理人制度的总体情况

随着中央不断推行深化国有企业改革的配套性措施，地方省市区也跟进深化和加速推进国有企业改革的进程，纷纷出台专项政策，为指导和规范地方国有企业推行职业经理人市场化选聘和职业经理人制度建设工作提供强有力的政策支撑。个别地方国有企业先行先试推进速度较快，在2016年相继进行市场化选聘改革，结合地方实际推行职业经理人制度，涌现出一批以市场化选聘为主，逐步建立职业经理人制度的试点企业。

国资委2017年拟定了《关于开展市场化选聘和管理国有企业经营管理者试点工作的意见》，将扩大试点范围和试点内容，更多的国有企业的主要管理者将从经理人市场中选聘，并由市场定价。试点工作将强化董事会功能，完善公司法人治理结构，将董事会、经理层由过去的"同纸任命"改为分层管理，形成分类分层的企业领导人员管理体制，有效解决经营管理者"能上不能下、能进不能出"问题。"聘任制和契约化管理，签订聘任协议和业绩合同，严格聘期管理和目标考核，实行市场化退出。"在前期试点改革的经验基础上，国资委进一步探索建立与市场接轨的经理层激励制度、差异化薪酬体系，逐步提升国有企业职业经理人市场化选聘比重，扩大地方国有企业的试点范围，山西、河北、四川、北京、上海、山东等地的政府均出台改革计划，将市场化选聘和薪酬改革纳入重要组成部分，落地职业经理人市场化选聘改革工作。① 截至2019年3月，各省市区国资委监管的83家一级国有企业共进行经理层市场化选聘261人。2020年1月，国务院国有企业改革领导小组办公室下发《"双百企业"推行经理层成员任期制和契约化管理操作指引》和《"双百企业"推行职业经理人制度操作指引》，明确未来试点改革范围将进一步扩大的政策趋势。地方国有企业在职业经理人试点改革的实践探索中，因地制宜、因企施策，积累了宝贵经验。

从地方国有企业实施情况来看，天津、上海、四川、陕西、厦门5家省市级国资委一级企业选聘职业经理人人数最多。其

---

① 国务院国资委改革办：《国企改革探索与实践：地方国有企业100例（上下）》，中国经济出版社2018年版。

中,天津市推进速度最快、选聘人数最多(见表4-5)。自2018年出台《天津市市管企业职业经理人暂行管理办法》起,形成了"制定招聘方案—发布招聘公告—实施综合考评—进行组织考察—作出聘任决定—建立聘任关系"等一套完整程序和工作机制,截至2021年7月底,已经在17家市管国企及90家子企业推行了职业经理人机制,共选聘职业经理人125人,社会外部人员应聘成功的占比达到1/3,取得了显著成绩。

表4-5　　　　地方国有企业职业经理人制度的推进情况

序号	省级国资委	开展职业经理人选聘的一级企业数量(家)	一级企业选聘职业经理人数量(人)
1	天津市国资委(2021)	17	90
2	上海市国资委(2018)	13	75
3	四川省国资委(2018)	7	23
4	陕西省国资委(2018)	2	12
5	厦门市国资委(2018)	3	11

注:以上数据可以根据三年行动量化指标系统信息进行更新。
资料来源:根据国企改革调查数据整理。

(2)地方国有企业推行职业经理人制度的主要做法

第一,山东国有企业推行职业经理人制度的主要做法。党的十八届三中全会后,山东省委、省政府认真贯彻落实党中央、国务院决策部署,把国企改革作为全面深化改革的重点任务。各市参照省属国有企业改革做法,积极推动改革向纵深发展,青岛、烟台等市在完善公司治理、推进混合所有制改革、加强企业家队伍建设等方面形成了可复制可推广的经验。[1]

---

[1] 国务院国资委改革办:《国企改革探索与实践:地方国有企业100例》(上下),中国经济出版社2018年版。

自 2014 年起，山东省将经理层成员契约化管理作为建立职业经理人制度的切入点，在山东省省属企业推行经理层成员契约化管理，经理层不再作为上级党委管理的人员，把选聘、考核、分配等权力交由企业董事会。

为了探索如何建立职业经理人制度，2018 年《山东省省属企业规范经理层成员契约化管理 建立职业经理人制度试点工作方案》，在部分省属企业开展建立职业经理人制度试点。同时，山东省国资委党委采取现场调研、经验交流、监督检查等方式，跟踪指导、协调推动试点工作，试点工作进展顺利。

2019 年，山东省持续推动国有企业深化改革，认真落实职业经理人制度建设政策，按照"市场化选聘、契约化管理、差异化薪酬、市场化退出"原则，推进职业经理人试点，推动契约化高管人员向职业经理人转变，充分发挥企业家作用。并在同年由山东省国资委印发《关于深入学习万华潍柴经验 进一步推动省属企业改革创新的若干措施的通知》提出"稳妥推进职业经理人制度试点工作"，持续把省属企业改革向纵深推进，推动国有经济高质量发展。

2020 年《山东省促进乡村产业振兴行动计划》提出"分层次培训职业经理人"，山东省从国企到乡村，积极推进职业经理人制度建设和人才队伍建设，为国企高质量发展、乡村振兴提供必要人才支撑。

山东省省属企业在职业经理人制度建设方面的实践主要体现在以下三个方面：

一是优化董事会、党委会和监事会人员组成和功能定位，着力建立健全现代企业制度。董事会层面，理顺了董事委派、选派体制，董事会按照非执行董事占多数的原则配备。2015 年以来，山东省省管企业新配董事 167 名，董事会成员基本配齐。健全董事会制度体系，形成了董事选聘、管理、考核、激励、追责的制度闭环。党委会层面，制定出台《省管国有资本投资运营公司领导人员管理暂行办法》，确定企业改革发展重大事项由党委事先研究、董事会和经理层按法定程序决策的议事规则。监事会层面，改进监事会设置，每家企业监事会由公务员身份监事、外部监事和职工监事共同组成，目前已实现省管企业监事会全覆盖。

二是以建立市场化的选聘、考核和薪酬分配机制为重点，着力推行企业高管人员契约化管理。山东先后在23家企业实行高管人员契约化管理，占全部省管企业的77%。这些企业高管人员一般不在董事会、党委常委会担任职务，其选聘、考核和薪酬分配权均由董事会行使。截至2016年，推行契约化管理涉及的53名高管人员中，有49名选择了契约化身份，在企业中产生了强烈的思想冲击。从已完成选聘、签订契约合同的企业情况看，经理层契约目标普遍高于省国资委对董事会的考核指标，高管人员普遍反映工作压力增大，"本领恐慌"增强。

三是着眼于面向全社会广纳人才，着力建立外部董事、监事和职业经理人人才库。山东省国有企业制定了人才库管理办法，开发建设了人才库信息管理系统，目前三个人才库已初具规模。经严格评选审核，111人进入外部董事候选人人才库，19人进入外部监事候选人人才库；1954人申请进入职业经理人人才库。入库人选分布地域广、层次水平高、专业能力强，11名外部董事候选人中，有博士42名，教授、研究员36名。目前，已从人才库中选25名外部董事、8名专职监事。

第二，天津国有企业推行职业经理人制度的主要做法。天津市委市政府高度重视市管企业公开选聘职业经理人工作。2017年12月，天津市国资委党委、天津市国资委联合印发《关于营造企业家创业发展良好环境的实施意见》明确提出"推行职业经理人制度。畅通现有经营管理者与职业经理人身份转换通道，推进职业经理人制度的有效实施"。为天津国企推行职业经理人制度指明发展方向。2018年12月，天津市委组织部会同天津市国资委党委制定印发《天津市市管企业职业经理人管理暂行办法》，该办法为天津市推进职业经理人制度建设提供了强有力的新政策支撑。2019年12月，天津市人力资源和社会保障局印发《关于充分发挥市场作用 促进人才顺畅有序流动的实施意见》，再次强调落实《天津市市管企业职业经理人管理暂行办法》。2019年，天津市管企业面向全国公开选聘总经理、行长等职位的职业经理人；天津渤海化工集团有限责任公司公开选聘总经理、副总经理，天津农村商业银行股份有限公司公开选聘行长、副行长，天津津联投资控股有限公司公开选聘总经理等。

近年来天津国有及国有控股企业经营管理者实施职业经理人制度的开展和落实情况主要经验有：

一是积极稳妥推进一级企业市场化选聘职业经理人试点。在总结渤海证券股份有限公司市场化选聘3名职业经理人经验的基础上，大力推进天津津联投资控股有限公司、天津泰达投资控股有限公司"一正三副"职业经理人的选聘工作和天津市医药集团有限公司、天津渤海轻工投资集团有限公司市场化选聘职业经理人工作，所聘职业经理人已到岗到任。

二是在二、三级企业开展市场化选聘职业经理人试点。坚持"混改方案审定一户，制式转换跟进一户，摘牌一家，制式转换实施一家"的原则，完成天津泰达投资控股有限公司、天津市中环电子信息集团有限公司所属的天津泰达建设集团有限公司、天津光电集团有限公司领导班子成员制式转换工作，天纺标（天津）检测科技有限公司、天物大宗两家企业现有两名副总经理制式转换工作，完成液压机械4名职业经理人选聘工作，并签订"三书两办法"。

三是大力推动竞争类二、三级企业全面实行职业经理人制度，在功能类，公益类二、三级企业有序推动市场化选聘职业经理人。按制式转换、市场化选聘职业经理人的14个流程步骤，分类建立工作台账，制定集团党委审议工作方案、下达授权书、构建三会一层及"三书两办法"。其中天津市旅游（控股）集团有限公司所属的天津津旅海河游船股份有限公司、天津利顺德等8家二级企业，全部推行职业经理人制度，并经集团党委研究通过。董事会制定"三会一层"议事规则、"三书两办法"及职业经理人管理等办法，开展制式转换及市场化选聘职业经理人工作。天津一商集团有限公司在所属的全部二级企业（天津一商友谊股份有限公司、天津百货商务贸易总公司等7家）推行职业经理人制度。天津物产集团有限公司所属的天津市浩物机电汽车贸易有限公司将旗下的7家三级子公司，全部列为职业经理人的试点企业。截至2019年8月底，通过制式转换和市场化选聘职业经理人达到42人，包括一级企业两家计7名职业经理人，二、三级企业11家计35名职业经理人。其中市场化选聘职业经理人16名，占38%，原经营层成员制式转换的职业经理人26名，占62%。

此外天津将不断拓展职业经理人选用渠道和来源，畅通现有经营管理与职业经理人转换通道，加大企业内部职业经理人后备人才的培养，积极面向国内外市场上选聘符合企业需求的优秀职业经理人。同时，将不断完善职业经理人制度配套政策。进一步明确对职业经理人的管理方式、权限、内容；宣传、树立职业经理人的典型事迹；建立容错机制，支持职业经理人勇于创新，激发职业经理人的内在动力和干事创业的激情。

第三，河南国有企业推行职业经理人制度的主要做法。河南省国有企业主要分布在工业、基础设施和现代服务业等领域，在全省经济发展中发挥着"稳定器"和"压舱石"的作用。2017年3月，河南省委提出，"突出充分放权，落实企业党委和董事会依法选聘经营管理层、董事会对经理层经营业绩考核等职权"。根据中央、河南省委有关要求，河南省政府国资委研究制定的相关文件，依法落实企业董事会对经理层等高级经营管理人员的选聘、考核评价、薪酬分配等职权。

自2018年以来，河南省积极推动建立企业经理层激励机制，探索推行河南省省管企业经理层契约化管理，试点建立职业经理人制度。省管企业实行与选任方式相匹配、与企业功能性质相适应的差异化薪酬分配办法和中长期激励措施。2019年12月印发的《河南省政府国资委授权放权清单（2019—2020年版）》将职业经理人薪酬、混合所有制改革方案审批、国有控股股东股权比例调整等纳入授权放权清单范围，赋予了企业更多自主权。在实践层面上，河南省省管企业试行职业经理人制度主要有以下几方面特点：

一是市场化选聘职业经理人。从2018年年底开始，河南省政府国资委在省管企业开始试行职业经理人制度，市场化选聘职业经理人担任企业高级经营管理者。2018年12月，河南省政府国资委统一发布河南省竞争类企业市场化选聘高级经营管理者公告。2019年3月，安钢集团、郑煤集团、郑州粮批公司、河南国资集团4家竞争类企业陆续与市场化选聘的副总经理进行了签约。聘任仪式上，4家公司董事会与新聘用的副总经理分别签订了聘用合同、经营业绩考核责任书。此次聘任的4名副总经理不是国有企业"干部"，而是按照市场化选聘、市场化退出的职业经理人方式进行管理，跟过去国有企业管理人员相比，此次选聘的高级经营管理者最大的不同就是身份市场化、管理契约化、薪酬差异化。任期满后，自动解聘，由新一届董事会确定是否续聘。据了解，这些高级经营管理者多来自中国500强企业，有着国企、民企双重任职的工作履历，尤其在资本投资领域颇有建树。

二是落实董事会职权改革。河南省省管企业围绕完善法人治理结构，在符合条件的企业全部配备外部董事，在机械装备集团开展落实董事会职权改革试点，将省国资委部分出资人职责授权董事会行使。突出规范公司管理体制。推进集团公司向国有资本投资、运营公司转型，指导省管企业主动放权、充分授权，调动子企业的积极性。突出下放干部管理权限。省委下放骨干企业正职管理权，省国资委党委下放经理层管理权，企业集团下放子企业人事管理权。突出差异化薪酬分配机制。对组织任命的企业领导人员，合理确定基本年薪、绩效年薪和任期激励收入；对市场化选聘的职业经理人，由董事会按市场化水平确定薪酬。突出市场化选聘经理层。对市场化程度较高的新设企业一律实行经理层市场化选聘，在8家企业探索推行职业经理人制度。

河南省政府国资委从管企业向管资本的重点职能转变，为河南省企业推行职业经理人制度创造了更好的企业环境。随着河南省省管企业的职业经理人制度探索的不断深入，2019年11月，河南省政府国资委再次发布了市场化选聘经理层成员消息：为深入贯彻落实河南省委、省政府关于深化国有企业改革的决策部署，大力推进经理层选任机制改革，河南省政府国资委组织河南国控集团、河南盐业集团、洛阳LYC轴承有限公司三户企业市场化选聘总经理3名、副总经理7名，按任期制和契约化管理，实行市场化的薪酬分配机制。

第四，广东国有企业推行职业经理人制度的主要做法。2019年广东省出台《中共广东省委广东省人民政府关于全面深化国有企业改革的意见》，指出要健全公司法人治理结构，合理确定董事会中外部董事所占比例。在选人用人机制上进行改革，建立企业培育和市场化选聘相结合的职业经理人制度。2019年已在省产权交易集团开展职业经理人制度试点，实现经营班子完全市场化选聘。2020年广东省国资委印发《关于在省属二级及以下企业推行经理层任期制和契约化管理的工作方案》和《省属企业所属企业推行职业经理人制度操作指引》，明确了省属企业实施职业经理人制度的时间节点和工作要求。推动企业结合实际认真落实经理层任期制和契约化管理有关工作，截至2021年5月底，省属各级子企业推进经理层任期制和契约化管理的企业户数、经理层成员人数均超过80%。

广东省以市场为导向、企业为主体，实施多项创新举措，落实董事会的各项权利，对规范法人治理结构的企业董事会下放授予高级管理人员任免权以及所监管企业有关部门和二级企业正职任免、负责人经营业绩考核和任期奖惩、领导班子和外部董事的综合考核评价4项管理事项，接下来将在省属企业全面推行外部董事制度，授予更多自主权。广东省省管企业试行职业经理人制度主要有以下几方面经验：

一是在改革选人用人机制上，广东省出台推行市场化选聘省属企业高级管理人员工作的指导意见，从2012年开始，省属企业新任选的经理班子成员均实行任期制和聘任制，聘期3年。省属企业2015年共引进职业经理人30多名。同时，开展市场化选聘产权交易集团整个经理班子的试点，经理班子的管理权和考核权下放给企业董事会。此外，广东省还坚持市场化选聘与组织选拔相结合的原则，2016年以来选择两家直管企业和13家中小企业开展经营班子整体市场化选聘试点，并通过猎头等方式选聘5名专职外部董事。同时，明确组织任命企业领导人员的7种予以免职或降职和5种予以辞退情形，真正实现"能上能下""能进能出"。2021年，省属企业管理人员开展竞争上岗1728人，占比14.8%；未经调整和不胜任退出累计137人，占比1.2%。

二是在建立激励约束机制方面，广东省出台深化省属企业负责人薪酬制度改革的实施方案，积极探索期股期权、增量奖股、分红权等中长期激励机制，着力解决收入差距过大、激励机制不完善的问题。同时，注重建立完善约束机制，如严格执行审计制度、巡视制度、重大项目投资审批制度等，强化责任追究。以深圳经济特区市属企业为例，党的十八大以来，深圳经济特区深入贯彻习近平总书记系列重要讲话精神和关于国企改革发展的重要论述，制定出台深化国企改革"1+12"文件，着力做强做优做大企业。

此外深圳经济特区市属企业实行改革激励机制。根据企业类别、选任方式、岗位职责、经营业绩等统筹推进薪酬制度改革，对市场化选聘的职业经理人实行市场化薪酬，不搞层层限薪，对二级以下企业下放长效激励审批权限至直管企业，对10家商业类直管企业和30余家二级及以下企业开展长期激励，对取得显著经济或社会效益的企业给予专项奖励。

截至2019年3月，各省市区国资委监管的83家一级国有企业共市场化选聘经理层261人。地方国有企业在职业经理人试点改革的实践探索中，因地制宜、因企施策，结合地方实际情况形成具有地方特色的政策体系，引领和推进了国企职业经理人制度建设和人才队伍建设工作。

（三）国有企业职业经理人制度改革的主要成效

随着国有企业职业经理人制度的不断完善，国有企业在职业经理人选拔、培养、绩效评价、畅通身份转换通道与退出机制、契约化管理和内部流动等方面取得了显著成绩。本部分将从职业经理人选拔、培养、考核、契约化管理、退出机制等多方面出发，对国有企业职业经理人制度的主要成绩进行总结。

1. 国有企业职业经理人制度改革的整体效果

经过多年探索实践，职业经理人在新时期深化国有企业改革、健全市场化运行机制、提升国有企业竞争力等方面发挥了巨大作用。职业经理人制度实施以来，整体效果是显著的，主要体现在以下四个方面：

一是规范企业法人治理结构，董事会职权进一步落实。通过改革外部董事管理制度，严格董事选聘和履职管理，使董事会真正成为企业的决策主体。[①] 在试点与实践中，有31个地方开展了董事会依法行使重大决策、选人用人和薪酬分配等权力的探索，真正促进了企业法人治理结构的协调运转，压实了董事会决策、经理层执行责任，激发了企业活力。

二是深化企业"三项制度改革"，企业活力得到不断释放。推行职业经理人的国有企业通过压力层层传导，大部分企业的三项制度改革推进效果显著。通过推进经理层任期制和契约化管理，推行职业经理人制度，探索企业领导人员差异化薪酬分配办法，促进了建立健全与劳动力市场基本适应、与企业经济效益和劳动生产率挂钩的工资决定和正常增长机制，大大推动了企业内部管理人员能上能下、员工能进能出以及促进收入能增能减。

三是加快企业"去行政化"步伐，加快了国企干部制度改革。在试点企业中，职业经理人制度改革加快了企业"去行政化"的步伐，一些企业建立了从"身份"管理向"岗位"管理过渡的用人机制。推动原企业人员以同等条件优先应聘，被聘用后放弃"体制内"身份，成为"社会人"，实现了去"行政化"进入职业经理人市场，在不同所有制企业间自由流动，同时，在去"行政化"过程中也推动了社会保险体系的完善。

四是完善企业激励约束机制，推动了企业高质量发展。相较于上级任命干部的国有企业，职业经理人试点企业的绩效和薪酬管理机制更加完善，激励约束效应显著增强。在试点企业中，职业经理人采用任期激励方式。其收入与其经营业绩考核

[①] 宁向东：《国有企业改革与董事会建设》，中国发展出版社2012年版。

结果直接挂钩，在实践中改变了以前只重视短期目标、年度考核的单一做法，从而促进全面以企业可持续发展为导向、以任期为考核周期的中长期激励机制的建立与完善。

2. 国有企业职业经理人制度改革重点环节的效果

（1）市场化选聘

目前职业经理人的工作大多在央企二级单位开展，更具可行性，也更容易与市场接轨。经过积极探索、大胆实践，中央与地方国有企业职业经理人市场化选聘比例逐步加大、经营机制进一步完善，企业效益大幅提升。2019年，11家国务院国资委直接监管的中央企业共组织公开选聘经理层成员60名，其中，总经理10名、副总经理40名、总师级10名，具体内容如表4-6。

表4-6　2019年度11家中央企业市场化选聘经理层成员统计

中央企业名称	所属企业
华侨城集团有限公司	副总经理19名，副总建筑师1名
中国交通建设股份有限公司	总经理2名，副总经理13名，总工程师6名
中国铁建股份有限公司	总经理2名，副总经理3名
中国化学工程集团有限公司	总经理2名，总工程师1名
中煤地质集团有限公司	总经理、副总经理、总会计师各1名
中国一重集团有限公司	副总经理1名
机械科学研究总院集团有限公司	总会计师1名
中国节能环保集团有限公司	副总经理1名
中国华能集团有限公司	副总经理兼总工程师1名
招商局集团	总经理1名
中国铁路物资集团有限公司	总经理2名，副总经理1名
总计	共60名（其中，总经理10名、副总经理40名、总师级10名）

资料来源：作者整理。

随着市场化改革的深入推进，按照市场竞争的原则，企业高级管理人员的选聘范围不断扩大，选聘范围包括总经理、副总经理、总会计师、总经济师、总工程师和公司章程规定的其他高级管理人员，并且在以后的实践成果中可以看到市场选聘的比例在不断扩大。已有81家"双百企业"在企业本级层面开展职业经理人选聘，占全部"双百企业"的20.56%，共选聘职业经理人620人；137家"双百企业"在所属各级子企业层面开展职业经理人选聘，占全部"双百企业"的34.77%，共选聘职业经理人2162人；这将进一步推动我国国有企业形成灵活高效的市场化经营机制。①

国有企业职业经理人市场化选聘的实践逐步明确了选聘经理层人员的范围是内部培养和外部公开报名相结合并同等对待。并在此基础上建立了选聘流程，主要包括发布公告、报名、资格审查、笔试面试、会议研究、组织考察、公示、正式聘用等程序，同时在实施市场化选聘职业经理人的企业中也建立了笔试、心理测试、评价中心等综合考评环节，严把选人关；通过与职业经理人签订聘任合同，明确双方的权利义务关系。② 这为市场化选聘工作的规范性和管理的科学化奠定了基础，也为今后有序开展经理层市场化选聘工作提供指导。

（2）契约化管理

国有企业职业经理人制度建设在契约化管理方面，积极形成了以业绩为导向的考核制度、"能高能低"的薪酬分配制度、合力的监督追责制度以及合理可行的退出制度等。打造出职业经理人制度"闭环"，健全了职业经理人退出机制。结合经营目标、发展阶段、对标企业薪酬综合水平变动情况等因素，制定

---

① 刘丽靓：《国企改革"双百行动"名单确定》，《中国证券报》2018年8月15日第A01版。
② 杨烨：《国企高管市场化选聘细则将出》，《经济参考报》2016年12月5日第1版。

职业经理人契约化考评体系，包括适应期考核、年度考核以及任期考核等。签订职业经理人年度和任期业绩合同，形成了职业经理人契约业绩管理机制。

上海环保集团全面推进事业部合伙人制管理，进行经营团队市场化选聘，实行职业经理人任期制契约化管理，签订契约化对赌激励协议。

河南郑煤机集团对市场化选聘的职业经理人实行任期制契约化管理（分管同一领域不得超过两届，每届到期重新竞聘），实现了国有企业的"领导人"向"职业经理人"的市场化转变，促使经理层走向职业化、专业化、市场化、国际化，逐步建立起经理层竞争上岗，能上能下、能进能出，收入能高能低，能者上、庸者下的竞争机制。

山东省省属国有企业在职业经理人的改革试点实践中，形成了山东省国资委契约化管理型职业经理人制度范式，为开展职业经理人契约化管理提供了宝贵经验。自2014年起，山东省分33批，共选择12家省国资委党委管理领导班子的企业，对高级管理人员实行契约化管理，同时，省委明确新建和改建11家国有资本投资运营公司实行高管人员契约化管理。这23家企业经理层的选聘权、考核权、分配权均交由董事会行使，不再作为上级党委管理的企业领导人员，从而推动高级管理人员市场化选聘和管理，探索建立职业经理人制度。65名省干部转身成为职业经理人。契约化管理对责、权、利关系的明确，真正实现人员能上能下、能进能出、收入能多能少。实现人才价值最大化、人才配置最优化，显著增强国有企业的经济实力，促进国有企业健康、可持续发展，把国有企业做强做优做大。

（3）差异化薪酬

差异化薪酬是国有企业职业经理人制度中的重要内容，从本质上来看，职业化的核心就是落实契约管理制度。国有企业的职业经理人在实施差异化薪酬方面主要考虑两个方面，分别是薪酬水平的市场化以及薪酬结构的多样化。在薪酬水平市场化方面，国有上市企业高管的薪酬水平多与企业的规模相联系，而在差异化薪酬方面，国有企业职业经理人的薪酬结构在实践中形成了以下几种类型：一是基本年薪（不高于总年薪的40%），按月发放；二是绩效年薪，要求不低于总年薪的60%，按照年度考核结果兑现；三是任期绩效，根据任期考核结果兑现，一般任期绩效包括在绩效年薪中。在差异化薪酬方面取得的进展为今后完善薪酬制度、设计国有企业职业经理人薪酬激励奠定了良好的基础。

以"双百"企业为例，80%以上的"双百企业"建立与劳动力市场基本适应、与企业经济效益和劳动生产率挂钩的工资决定和正常增长机制。2018年，"双百企业"本级领导班子成员或建立职业经理人制度的管理层中，薪酬最高者与最低者的薪酬平均倍数为1.84倍；接近80%的"双百企业"领导班子中薪酬最高者和最低者的薪酬平均倍数超过1.2倍，真正拉开差距。激励约束机制进一步优化。在地方国企的实践中，例如河南郑煤机集团在职业经理人选聘和薪酬标准制定方面严格遵循了市场化的原则，并充分考虑企业实际，针对工作内容、工作量和压力，制定相应的考核及薪酬标准。例如，市场是核心、生产是重点，薪酬方案设计就向分管市场销售和分管生产的经理层倾斜（薪酬理论上可超过总经理），以鼓励市场开发和生产效率提升。再如，公司将年度利润目标分解至全部职业经理人，但由于各人分管工作不同，对利润的影响程度各异，故利润所占权重也有所差异，真正实现了差异化薪酬。有助于让企业进入"高薪—人才—高利润"的良性循环。

差异化薪酬的制度大大促进了国有企业职业经理人在企业中发挥自己的效用和价值，激发了职业经理人内在动力，避免国有企业职业经理人追求短期绩效而忽略长期利益的弊端。

(4) 市场化退出

国有企业职业经理人的市场化退出包括主动退出（任期内离职、任期届满不续签等）、被动退出（辞退、考核不达标退出、企业重大调整等）以及其他因协商、退休等情形的退出。在国有企业建立职业经理人制度的实施过程中探索形成职业经理人退出机制。确立了党管干部原则，以契约和绩效考核为主要依据；不断规范退出程序；在有些企业中建立起容错纠错机制。真正实现职业经理人"能上能下，能进能出"，打造职业经理人制度"闭环"。

在国有企业职业经理人制度的实践中，当前已建立市场化的退出机制，主要有以下三方面成绩。第一，建立了市场化退出规则，包括建立退出制度，强化考评应用以及完善退休保障；第二，构建了退出渠道，主要是提前退出、强制退出和正常退出三种；第三，保证了高效执行。市场化退出机制大大促进了经理人队伍新陈代谢，让"能下"成为常态。

(5) 其他方面

在职业经理人培养方面，建立了系统规范的后备干部制度，通过岗位轮换、项目锻炼等方式，为培养对象提供有针对性的、多样化的培训课程，保证企业有稳定的职业经理人人才队伍。北京首创集团通过增加人力资本投资，形成以集中内部培训和个人自我学习与培训为主、以外派培训为辅的培训格局，构建"管理+专业"双通道发展体系，打造具有一流人力资本水平的职业经理人发展体系。山东省通过深化与国资委职业经理人研究中心、省干部学院等机构的交流合作，鼓励引导省属国有企业加强对职业经理人的思想政治教育。

在内部流动方面，制定了规范、透明的晋升程序，通过对职业经理人真实业绩与经营能力客观、准确的评估，做到退出程序的规范化、制度化。

在配套管理体制方面，国有企业职业经理人在实践的过程中不断探索完善职业经理人配套管理体制。广汽集团在4名董事会成员选择职业经理人内部转化后,对董事会进行"瘦身",取消副董事长职位设置,真正实现管理层与董事会分开,为职业经理人制度实施铺平道路。

当前,中国经济由高速增长的阶段转向高质量发展的阶段,要形成质量第一、效益优先的现代化经济体系,粗放式增长模式难以为继,国有企业长期依赖的大规模快速扩张的发展模式将面临巨大挑战,国有企业改革发展面临的转型升级的倒逼压力会更强烈,必须要下决心推动企业发展进行质量变革、效益变革、动力变革。全面深化改革向纵深推进,市场竞争环境要求更加公平公正公开,这都对深化国有企业改革提出了更高要求,也对加快推进国有企业职业经理人制度建设提出了更高要求与期望。因而伴随着国企改革实践探索以及"1+N"政策体系的逐步确立,从"十项改革试点"再到"双百行动",中央企业与地方国有企业职业经理人市场化选聘比例逐步加大、经营机制进一步完善、企业效益得到大幅度提升,更有利于营造企业家健康成长环境、弘扬优秀企业家精神,从而更好地发挥企业家作用。以上各项举措相互链接,将打通国有企业职业经理人制度改革政策落地"最后一公里",强有力地加速推进国有企业职业经理人制度建设步伐。

(四) 国有企业职业经理人制度改革的现存问题[①]

根据《中共中央国务院关于深化国有企业改革的指导意见》

---

① 国有企业职业经理人制度改革现存问题是一个实践性和现实性很强的话题,为深入了解国有企业职业经理人制度建设情况,本部分结合了中国大连高级经理学院《国有企业推行职业经理人制度情况调研问卷(2021)》相关调查问卷结果进行分析研究。

的要求，国有企业职业经理人制度体系是由职业经理人培养、评价、选聘、任用、薪酬、考核、激励、约束、退出和流动等组成的法规制度、组织机构和运作机制等，主要包括职业经理人的产生、培养、管理和退出四方面实施机制。目前，职业经理人制度在"市场化选聘、契约化管理、差异化薪酬、市场化退出"等环节已做出了积极的探索，但实施职业经理人制度的国有企业占比较少、范围有限，本书在总结分析职业经理人制度改革试点的实践经验基础之上，结合实地调研和调查结果分析研究发现，职业经理人制度在市场化选聘、契约化管理、差异化薪酬、市场化退出、监督管理等方面仍存在难点问题。

1. 国有企业推行职业经理人制度整体进展难点

根据中国大连高级经理学院《国有企业推行职业经理人制度情况调研问卷（2021）》对145名国有企业职业经理人的调查结果，国有企业主要在集团公司二级和三级单位中推行职业经理人制度，但总体效果和进展一般（其中商业一类公司占53.4%，商业二类公司占40.8%，公益类企业占5.8%），通过分析研究认为国有企业推行职业经理人制度包括以下三方面共性问题。

（1）董事会架构与职权落实仍需优化

国有企业董事会架构不够规范、职权落实存在问题。《中共中央关于建立社会主义市场经济体制若干问题的决定》中提出，国有企业改革的方向是建立适应市场经济要求，产权清晰、权责明确、政企分开、管理科学的现代企业制度。完善的公司法人治理结构是规范化的现代企业制度中最重要的组织结构，也是职业经理人制度建立与良好运行的基础。国有企业包括国有独资企业，大都建立起了公司法人治理结构，但公司的党委会、董事会、经理层的权利事项和权利边界还不够明确，有待结合实行职业经理人制度，进一步明晰各方的权利事项和边界。目前，国有企业集团层面一般建立了规范董事会，但大量子企业没有建立董事会，存在有执行董事而没有董事会的情况；有的子企业虽建立董事会，但运行不规范，存在内部执行董事为主、缺乏有效监督的问题。同时，由于董事会架构不完善，主体责任不明确，即使获得集团总部对薪酬管理、业绩考核等授权，也无法顺利高效履行职能，影响了职业经理人制度的实施效果。

(2) 市场化契约化存在较多难点

《"双百企业"推行职业经理人制度操作指引》（以下简称《指引》）包括市场化选聘、契约化管理、差异化薪酬、市场化退出、监督管理五个关键环节，其中市场化与契约化环节存在较多难点问题。这一情况主要是职业经理人本身市场化属性与国有企业以往的机制间的差异造成的。本书认为职业经理人是在企业所有权和经营权分离的背景下承担企业法人财产保值增值责任，并全面接管经营管理业务的人。他们均为来自职业经理人市场的管理专家，通过薪酬、股票期权等方式受聘于企业，担任高级管理职务，同时拥有企业法人财产的绝对经营权和管理权。职业经理人是市场经济的产物，企业对职业经理人实行契约化管理机制，其机制建立的基础是二者签订的聘用制合同和业绩合同。职业经理人的聘用由企业董事会决定，其本身为社会人身份，薪酬与职位由市场机制决定。但是在传统的国有企业中，管理者往往是由政府或主管单位任命，其身份为具有行政身份的官员，薪酬由主管部门决定，职位是终身的。因此，由于国有企业历史遗留的一些制度框架与市场化的机制难以相容，有些国有企业的包袱较重，市场化改革的程度与相关细节不到位，导致这些企业在落实契约化相关环节中存在较多难点问题，还无法顺利地容纳并实施职业经理人制度。

(3) 党的领导融入公司治理的实施路径不清晰

在国有企业职业经理人制度建设过程中，党的领导与党管干部原则是首要条件与重要前提。虽然相关政策、文件提出了党组织在企业重大事项中的领导地位和政治领导作用，但实际操作中缺乏相关政策操作流程指引。如何充分发挥党的领导作用且与董事会的职权有机统一、相互促进，尚无设计清晰的实施路径。实践中企业党组织和董事会之间一定程度上存在职权交叉、权责不明确的情况，有些公司党委前置研究讨论重大经营管理事项清单建设还不完善，也缺乏灵活高效的管理方法与手段，使得党的领导无法发挥原有的预期效果，不利于国有企业的经营活动与职业经理人制度的改革推进。

2. 国有企业推行职业经理人制度主要环节难点

根据实地调研和调查结果发现，目前国有企业职业经理人制度探索在市场化选聘、契约化管理、差异化薪酬、市场化退出、监督管理等主要环节仍存在以下难点问题。

（1）选聘市场化和身份市场化程度不够

根据《指引》的指导精神，市场化选聘是实行国有企业职业经理人制度最为首要和关键的一步，没有市场化选聘，职业经理人制度就无从谈起。但目前的改革现状，距离实现职业经理人的完全市场化还有较大差距。

一是职业经理人外部引进来源不足。鉴于我国目前职业经理人市场尚不规范、不完善，职业经理人来源渠道有限，还面临国有企业对职业经理人有政治背景及文化适应性的要求，选聘步骤和程序相对复杂，薪酬待遇受到管控等现实情况。根据《中共中央 国务院关于深化国有企业改革的指导意见》中所提出的"实行内部培养和外部引进相结合，畅通现有经营管理者与职业经理人身份转换通道，董事会按市场化方式选聘和管理职业经理人，合理增加市场化选聘比例"这一意见，国有企业职业经理人通过内部转化和外部引进两种方式产生。虽然国有企业都是通过市场化方式选聘职业经理人，但是由于我国职业经理人市场机制滞后，职业经理人资质认证体系不够完善，企业与职业经理人缺乏信任，整体环境都不利于国有企业从外部选聘职业经理人。因此，相当高比例的职业经理人都由内部管理者转化而来，甚至是直接把目前在任的领导班子换到新的岗位上。对天津市国企的统计资料显示，截至2019年8月底，天津市国企通过制式转换和市场化选聘职业经理人达到42人，包括一级企业两家共计7名职业经理人，二三级企业11家共计35名职业经理人。其中，市场化选聘职业经理人16名，占38%；原经营层成员制式转换的职业经理人26名，占62%。外部管理者引进数量距离《中共中央 国务院关于深化国有企业改革的指导意见》中的要求存在明显差距。而且一些内部管理者受传统国有企业发展模式影响，存在经营管理理念固化，对职业经理人的认知与定位并不清晰，对需发挥的作用、具备的胜任条件理解不深，不知如何自我提升成长，实际工作中无法有效发挥自身价值的问题。大量选聘这些职业经理人的企业会缺乏改革创新、锐意进取的动力，既违背了市场化选聘制度的初衷，又无法获得改革预期的成效。除此之外，在实践过程中也存在选聘流程不规范、选人用人过于随意、"暗箱操作"等情况。

二是管理者对职业经理人制度认识不足。国企内外部管理者由于对制度改革认识不足，有顾虑，在改革期间持观望态度，延缓了推进职业经理人制度的进程。一方面，国企内部管理者对身份转换不适应。长期以来传统国企的经营管理观念固化导致他们对职业经理人的认知存在一定的误区和空白，保守思想严重，可能会因为政治待遇变化、长期发展与晋升的缺位、任期届满后的出路、退休和养老政策的变化等问题产生身份转换的顾虑，害怕丢掉"铁饭碗"，不愿意走出舒适圈，对市场化选聘的接受度较低。根据2018年对安徽省省属国有企业职业经理人制度试点的调查，51.02%的受访者希望职业经理人在未完成目标任务时，采取"双向选择其他职位，留用观察一年"的处罚措施。说明通过身份转换而来的职业经理人，从思想上仍然不太适应这种市场化的制度。另一方面，外部管理者会因为相关政策、制度尚不完善而对职业经理人制度缺乏信心，也会担心薪酬待遇低于市场化水平，难以融入国有企业的企业文化，原有国企员工不积极配合工作，能力无法充分施展，影响到他们的绩效考评。除此之外，试点阶段新选聘的职业经理人的工作业绩短期无法显现，同样的工作内容却拿高薪，会造成企业内部薪酬公平缺失，员工彼此思想不统一，缺乏凝聚力和配合工作的积极性。

三是职业经理人市场发展不足。一方面，传统经济管理观念影响了职业经理人市场的发展，相关人才供给不足。长期以来，作为我国国民经济的主体与支柱，承担着维护资本市场健康发展、实现国有资产保值增值的重要职能的国有企业一直以资源投入、市场垄断的粗放型发展方式为主，低估甚至忽视知识、技能和经验等具备创造力的人力资本作为生产要素在经济发展过程中的杠杆效应，加之对国有企业经理人的管理受传统劳动价值论和行政科层岗位管理思想的束缚，人力资本未能获得应有的回报。正是这种粗放型的经济发展方式导致国有企业长期坚持相对落后的人力资本管理理念。在这种固有的人力资本管理条件和观念之下，职业经理人市场的发展和完善没有得到足够的重视，导致职业经理人市场尚不完善，专业化的猎头公司较少，人才储备体量有限，优秀的专业化人才短缺，职业经理人的供给和需求无法得到满足。另一方面，职业经理人的信用体系不健全，缺少统一标准解决信息不对称问题。随着市场化改革推进，我国职业经理人市场经过多年发展已具备了基本的功能，但整体上并不成熟，市场运行机制还不够健全，也缺乏使履职经历、工作经验、身份信息等情况在市场内公开的职业经理人诚信档案信息库，导致国有企业在选聘职业经理人的过程中不能全面深入了解职业经理人的相关信息。因此，国有企业难以全面准确判断候选人的匹配性，易产生履职人员达不到预期、存在道德风险等问题。与此同时，部分职业经理人缺乏一定的契约精神，在管理经验、业务能力等方面有所欠缺，难以展现自身的价值，市场上符合"职业化、市场化、专业化、国际化"标准的高素质职业经理人较为有限，适合成为国有企业职业经理人的德才兼备的经营人才更为稀缺，导致职业经理人不具备充分的可替代性。又由于职业经理人无法通过短期的学习与培训快速形成，国有企业对职业经理人的需求却在逐渐增加，因此，总体上不可避免地出现职业经理人供给结构性短缺的问题。在这种情况下，国有企业对职业经理人并没有太多的选择空间与还价底气，致使职业经理人的市场化选聘未能达到预期效果。此外，由于缺少统一标准的职业经理人信用评价机制，对职业经理人的监督约束作用不够，导致国有企业对外部选聘的职业经理人缺乏信任。

四是国有企业选聘人才精准度不足。一些国有企业缺少科学全面评价职业经理人素质能力的指标体系，在进行职业经理人市场化选聘之前，难以系统、客观、精准地定位所需的人才类型，导致企业选聘出的优秀职业经理人与企业需求不匹配。同时，企业选聘职业经理人时，存在对其三观、道德观、经验习惯、政治倾向、廉洁品行等深层次问题考虑不足的问题。一方面，没有系统考虑到内部转化的职业经理人受原岗位的知识技能和经验思维的限制，需要学习新知识、新技能，又长期在体制内工作，工作热情逐渐消退、创新动力不足的问题；另一方面，外部引进的职业经理人受到招聘时间和考察方式的限制，无法全面地展示各项知识与能力，可能会与企业期望得到的人才有所出入。外部引进的职业经理人受到文化背景、价值观念、政治立场以及文化素养等因素影响，也可能对任职企业认知不够深刻，对国企的战略定位、管理模式和员工关系等方面存在认同差异，存在无法快速融入企业的问题。

（2）管理契约化还存在提升空间

契约化管理是实现职业经理人市场化选聘的根本举措，也是落实职业经理人从终身制转向聘任制的关键抓手。国有企业建立职业经理人制度，契约化管理是必须解决的改革难题。就当前国有企业的改革情况来看，管理契约化还存在提升空间。

一是市场化意识和契约精神尚需培养。市场化经营理念是否深入人心是国有企业能否顺利实施职业经理人制度的重要前提。部分国有企业管理者对职业经理人主观认识不够，市场意识和契约精神薄弱，身份观念根深蒂固，存在"官本位"和行政思维惯性，不能完全接受契约化、职业化、市场化的规则安排，在其影响下企业内缺乏职业经理人能力及价值充分发挥的制度环境。同时，体制内外环境差异较大，短期内职业经理人无法适应国企氛围，水土不服现象普遍存在且十分明显，导致职业经理人先进的发展思路、有效的管理办法等在企业无法有效落地实施。调研发现，对职业经理人制度接受程度较好的企业，内部市场化经营管理机制都较为完善。这类企业的主业处于充分竞争行业和领域，为应对市场竞争压力，积极主动优化"五化"方面管理制度，形成了良好企业文化，典型代表是商业一类企业。例如，华润雪花啤酒是最早探索市场化制度的央企子公司，1993年华润将沈阳雪花啤酒厂收入旗下，其在成立之初就面临来自行业内民企、外企、国企的激烈竞争，尽管如此，华润啤酒目前已经发展成为拥有全球啤酒单品销量第一的品牌，也培养了一大批具有高度市场意识和专业能力的经理人，形成了充分市场化的企业氛围，很多早年加入雪花啤酒的员工，甚至并不知道华润雪花啤酒是国有企业。相比之下，在商业二类企业的职业经理人制度则面临较多困难。这类企业处于关乎国家安全、国民经济命脉的重要行业和关键领域。由于市场化竞争压力不足、市场化经营理念尚未被管理人员完全认可，在推动他们转化为职业经理人或者配合外聘职业经理人工作过程中存在不同程度的难点，这方面在军工企业里面表现得尤为明显。这类企业通过外部引入方式选聘的职业经理人，容易出现与企业现有业务理念、企业文化存在差异的现象，造成外部选聘的职业经理人自我归属感较弱，难以融入企业。部分企业内部领导人员身份转换而来的职业经理人，则思想观念偏保守，没有及时转变经营理念、工作思路，没能完全按照合同约定的那样履行责任与义务，为企业改革注入的动力不足。

二是公司治理结构不完善。在职业经理人制度的实践中出现了国有企业未成立董事会、董事会未获得国资委授权、绝大多数董事会成员和经理层成员高度重合等公司治理结构不完善的情况，导致职业经理人定位模糊、劳动合同签订不规范、签约主体不明确、契约化管理流于形式、考核难以真正落实等问题。这样一方面会使职业经理人制度难以顺利实行，另一方面即使成功推行了职业经理人制度，也易产生"内部控制人"问题和职业经理人中饱私囊的情况，使改革效果大打折扣。

三是职业经理人经营自主权受限。现代企业管理制度强调权责利对等，职业经理人只有获得充分的经营管理权，对董事会负责，并以契约的形式得到确认，才能对企业进行有效的经营与管理，实现企业效益的增长和可持续发展。由于企业缺少科学完善的公司法人治理结构，公司治理机制尚未实现高效运转，缺少专业化的外部董事支持决策等限制性因素，董事会与经理层之间权责划分不清，因此难以对职业经理人落实契约化管理。目前，有些国有企业董事会还没有充分下放选人用人、薪酬分配、重大决策等权力，一方面，这使决策权整体上移，导致决策需要在各个层级审议，决策链过长，难以有效率地工作；另一方面，这会使职业经理人的职权受到较大限制，在企业战略管理、日常经营决策等方面没有充分的话语权和决定权，虽享有管理和控制企业日常经营活动的权利，但其工作仍受限于企业高层，难以带领和指挥经理层成员很好地履行职务而有效地开展工作。此外，国有企业出于维稳等需要，使得职业经理人在劳动、人事、分配等方面难以真正按市场化规律进行管理，导致经理层出现怕担决策责任、不积极履职的倾向，有意无意地把本该属于执行层面自行决策处置的一些事项，逐层提交给董事会或党组织决策。

四是职业经理人考核体系不够科学，考核实施不够严格。由于企业各自所处领域、行业不同，企业规模、竞争程度、经营模式等差异，考核评价难以与市场和行业对标。同时，以股东回报为导向的评价体系并未完全建立，也很少考虑到企业捐赠负担和政治任务对经营业绩的影响，导致以经营业绩完成结果为导向的考核对职业经理人日常监督管理和综合考核评价不到位、考核指标不全面、考核结果不权威。一方面，由于不同国有企业的行业业态、市场占有率与市场竞争程度不同，又因为存在国企董事会职权落实不到位、缺少科学系统的理念等问题，国有企业基于自身情况设置与经理层业绩关联度强的考核指标存在困难，反而容易设置得过于简单或过于烦琐，从而脱离实际。目前，多数试点企业基本按照《指引》的指导意见，并参考《中央企业负责人经营业绩考核办法》等类似办法，制定一个大致的考核指标体系，再结合以往年度实际完成情况，与职业经理人进行谈判协商后确定最终考核标准。但是这样的办法仍未充分考虑企业所属行业领域的不同，对企业出资方、企业监督管理部门、企业与地方关系、企业规模层级等也未做出细致划分，可参考和分析的维度较少，定性定量的绩效指标难以有效传导，薪酬与业绩的对标缺乏科学性和精准性，对职业经理人的激励约束效果不佳，影响职业经理人制度顺利运行。另一方面，由于国有企业不仅具有商业属性，还具有政治属性和社会属性，很多情况下对职业经理人的考核并不能准确反映出能力与业绩。一些国有企业的公司法人治理结构不完善，董事会权责不明确，国有企业的任期目标和年度经营技术指标能否完成、完成好坏，除与经理层的管理水平和执行力有关外，可能更大程度取决于董事会的经营决策能力、外部宏观环境或市场垄断程度。同时，国有企业的最终控制人是各级政府，其往往承担着促进就业、增加税收等政策性目标任务，这种企业目标会模糊企业绩效和职业经理人努力程度的关系。另外，虽然有些国有企业职业经理人的薪酬模式实现了与公司业绩挂钩，但由于一些国企在石油、电力等领域处于垄断地位的行业，在不完全竞争市场中，加上技术支持、政策优惠，使得国企的业绩实质上难以和高管的薪酬挂钩。因为即使存在一些没有真才实干的经理人，企业还是会有不错的业绩，无法辨别企业业绩中有多少应归功于经理人的努力付出。

此外，由于我国国有企业数量众多，企业经营信息容易被职业经理人粉饰，导致国资监管部门很难观察到国有企业真实的经营情况，信息的不对称问题严重。这需要根据企业类别、所属行业，引入第三方考核机构，同其他相关监督管理部门组建不同的考核组开展考核工作。目前，国有企业在职业经理人的绩效考评中缺少第三方专业机构介入考核评价的相关机制。

（3）薪酬市场化差异化还存在差距

差异化薪酬是国有企业职业经理人制度中的重要组成部分，薪酬市场化差异化也是真正落实契约化管理，实现职业经理人专业化、职业化、市场化、国际化的核心内容。这一环节的改革距科学完善仍存在差距。

一是工资总额和激励机制不够规范。首先，受限于工资总额，试点国有企业往往在行业中业绩排名靠前，但职业经理人的薪酬却不如同行业的民营企业，一定程度上不利于国有企业留住人才。以华润集团为例，遵循"业绩与薪酬双对标"原则分析，市场化程度较高的二级公司经营业绩可以达到行业头部公司70—90分位数水平；但是，职业经理人薪酬只处于外部人才市场35—45分位数水平。其次，跨行业集团内部工资总额分配不合理。一些大型国有集团内部行业跨度大，不同子公司经营业务的竞争程度、公司的市场化程度、行业的劳动生产率和利润率差异较大，一些市场化程度高的子公司抢占了过多的工资总额。此外，福利待遇也是激励职业经理人的重要方式，既能保证整体的开支，又能因人而异满足不同职业经理人多方面的需求，但目前的职业经理人激励模式较为单一，在福利设计方面既不够规范，又不够灵活，存在诸如超额在职消费、职务性补贴、住房补贴等隐性薪酬，易引发经理人的腐败行为，造成国有资产的流失，同时对精神层面的人文关怀考虑较少。

二是中长期激励机制不够完善。《指引》中明确了国有企业职业经理人的薪酬由基本年薪、绩效年薪和任期激励三部分以及中长期激励构成，也明确了绩效年薪是与年度经营业绩考核结果挂钩的浮动收入，原则上占年度薪酬（基本年薪与绩效年薪之和）的比例不低于60%，但其中并未明确基本年薪的制定区间，亦未明确绩效年薪调节系数确定标准。调查资料显示，2018年"双百企业"本级领导班子成员或建立职业经理人制度的管理层中，薪酬最高者与最低者的薪酬平均倍数为1.84倍；接近80%的"双百企业"领导班子中薪酬最高者和最低者的薪酬平均倍数超过1.2倍，说明差异化薪酬改革取得了一定进展。但一些国有企业存在对职业经理人的中长期激励不足的问题。据调研反映，职业经理人中长期激励机制不完善主要有三点原因。首先，受到最高收益和行权条件等限制，既有中长期激励工具激励力度不足。《关于国有控股混合所有制企业开展员工持股试点的意见》（国资发改革〔2016〕133号）规定，员工持股总量原则上不高于公司总股本的30%，单一员工持股比例原则上不高于公司总股本的1%。其次，审批过程复杂，要求严格，沟通和实施难度大，降低了申报公司的积极性。例如，中央企业三级公司申报股权激励方案要通过二级公司、集团总部、国资委的层层审批。最后，由于股权激励方案涉及国有资产流失等重要问题，试点公司集团和上级管理部门审批过程中均十分谨慎，降低了决策效率。由于缺少股票期权等中长期激励方式，以年度绩效为主的考核方式容易导致国有企业职业经理人在经营管理工作中过度追求任期内的短期利益，忽视企业长远利益和长远发展战略，损害国有企业的长期发展潜力。超过70%的受访者认为，缺乏中长期激励机制非常不利于国有企业吸引、保留人才，尤其在充分竞争行业。多数国有企业处于积极探索中长期激励机制阶段，总体上希望能给予职业经理人更高的股权激励。因此，国有企业职业经理人的薪酬设计仍需改善，既要使薪酬结构合理，又要使激励约束方式多样，做到薪酬能升能降，体现权责利相一致的原则。

三是"双轨制"薪酬差异影响公平。国有企业职业经理人改革会使国有企业经理层存在"双轨制"的特点，使得部分职业经理人试点企业经理层中既有职业经理人又有非职业经理人，职业经理人对标市场上同行业同规模企业高管的薪酬水平；而组织任命的"体制内"企业领导人员薪酬受到管控，只能享有远低于市场化的薪酬待遇，导致职业经理人薪资待遇会明显高于党委和董事会成员。这种"双轨制"产生的薪酬差异和身份差异，会导致新老人员之间难以配合和协同，造成利益冲突，不利于国有企业推行职业经理人制度。同样的工作却由于不同身份导致薪酬待遇差距巨大，对比之下容易引发心理不平衡感，影响工作积极性，甚至会出现不作为等行为，引发工作矛盾与经理层内部分裂，不利于协作发挥经理团队的整体功能，也不利于企业的发展和职业经理人制度的推进。2018年，对安徽省省属国有企业职业经理人制度试点工作的调查显示，有42.86%的人员担心"有的企业负责人对职业经理人薪酬待遇超过自己产生心理不平衡，不愿推行职业经理人制度"，从侧面也反映了这一问题。

（4）退出制度化仍不够彻底

市场化的流动与退出机制，是构建职业经理人制度完整闭环的最后一步和最终目标。目前试点国有企业的职业经理人选聘市场化不够充分、管理契约化仍需提升，也导致职业经理人退出机制执行不彻底。

一是职业经理人的退出机制尚未完善。职业经理人市场化退出的关键在于，如果职业经理人没有按期完成合同约定的目标任务，就应该按照合同规定实行退出机制。国有企业职业经理人的市场化退出包括三种情况：任期内离职、任期届满不续签等主动退出；辞退、考核不达标退出、企业重大调整等被动退出；其他因协商、退休等情形退出。当前，国有企业仅仅明确了职业经理人退出的条件，即普遍将业绩考核结果作为判断职业经理人胜任能力的标准，对未能达标的职业经理人实施解聘，但对职业经理人退出的过程关注较少，对经理人业绩不好如何退出、退休调任如何规定等方面探索较少，尚未形成良好的退出机制。一般而言，退出机制主要指职业经理人按照契约的要求无法胜任目前岗位或者聘期届满，需要解除或终止聘任合同或劳动合同，完全脱离"体制内"的身份，自然回到人才市场，实行与其他社会人才无差别的社会化养老。《指引》要求"如果职业经理人没有按照约定完成合同任务，就应该解除（终止）聘任关系"。在实践中，由于国有企业职业经理人"市场化来"不充分，导致了"市场化去"也不彻底的问题。特别是因内部转换而来的职业经理人仍带有"行政级别"、存在社保福利接续问题等诸多原因，往往没有做到真正刚性的市场化退出。企业不同程度地采用"双向选择其他职位"方式作为缓冲，包括留用观察一年、转为专业技术序列岗位、退居二线、内退、转为普通员工等方式。其主要原因有两方面：一方面，职业经理人市场不成熟，职业经理人替代性不充分，如果直接解聘业绩不达标的职业经理人，往往难以在有限的时间内完成人员和工作的交接，而短时间内难以选聘到合适人选，很可能会影响企业正常的生产经营活动。所以即使现任职业经理人业绩达不到要求，由于没有更好的替代者，企业不敢轻易辞退或按契约扣罚绩效奖金，使国有企业职业经理人退出刚性不足，真正做到市场化退出比较难。另一方面，在现有国有企业文化环境和社会环境中，彻底实施退出制度，还存在无形阻力。因此，形成职业经理人身份市场化观念、建立市场化的劳动关系是建立职业经理人市场化退出机制的关键，但这恰恰也是国有企业职业经理人退出机制设计的难点，需要长时间的建设和培育。

二是内外部选聘的职业经理人退出方式不同。在推行职业经理人制度改革的过程中，一些国有企业会针对不同途径选聘的职业经理人采取差别化的对待方式，在职业经理人退出时，内部培养的职业经理人多数可能会转到集团其他岗位继续工作，而外部引进的职业经理人更多会被直接解聘。这样的差别化对待，没有完全走市场化契约化的职业经理人管理道路，不仅会影响外部选聘职业经理人的积极性，破坏经理人市场，还会阻碍职业经理人制度的顺利推行。

（5）监督管理机制还需健全

除"市场化选聘、契约化管理、差异化薪酬、市场化退出"四个环节之外，职业经理人的监督管理机制同样是建设完善国有企业职业经理人制度不可缺少的润滑剂与安全阀。根据《指引》的指导意见，对于职业经理人的监督管理环节主要包括组织人事关系管理、出国（境）管理、培养发展、保密管理、履职监督、责任追究六个方面，对这些方面存在的问题需要进行更加深入的研究。

一是职业经理人的培养体系有效性不足。国有企业承担着相应的政治责任和社会责任，对国有企业职业经理人有着更高的能力要求，国有企业职业经理人需要同时具备政治素质和职业素养。在当下职业经理人市场不完善、高素质职业经理人供不应求，现有经营管理人员的职业素养、职业精神与职业能力无法满足国有企业做优、做大、做强的需要，缺少深入推进国有企业职业经理人制度建设所需的人才保障的情况下，国有企业应建立规范合理的职业经理人人才培养制度和职业经理人人才库，并以此作为职业经理人供给的补充，带动职业经理人市场快速发展。目前，北京首创集团已经形成了以集中内部培训和个人自我学习与培训为主、以外派培训为辅的职业经理人培训发展体系。山东省也通过深化与国资委职业经理人研究中心、省干部学院等机构的交流合作，鼓励引导省属国有企业加强对职业经理人的思想政治教育。但大部分国有企业尚未建立和形成有效的内部职业经理人培养模式，培养时也较为注重经营管理能力和清正廉洁作风，对于政治素养、思想教育方面不够重视，导致难以培养出专业化、职业化、国际化、德才兼备、政治素质和职业素质都符合要求的国有企业职业经理人。

二是内部履职监督机制不健全。目前，全国范围内尚未建立起跨行业统一的职业经理人信用管理系统，不同单位对职业经理人以往的信用情况难以全面了解，导致职业经理人的失信成本较低，存在职业道德风险，企业对市场化选聘的职业经理人容易产生"信任危机"。一方面，受现有的国有企业体制机制与外部环境的影响，职业经理人的个人利益与企业利益未能有效捆绑，国有企业对职业经理人的约束很大程度上仍然停留在道德与职业操守层面，国有企业和出资方存在较大的管理风险，需要加强内部监管进行风险规避。另一方面，国有企业职业经理人的内部约束主要由监事会等机构负责，但很多企业监事会形同虚设，纪检、审计、巡视等监督力量分散，未能形成协同高效的监督体系，难以履行对内的监管职责。导致对职业经理人忠实义务、注意义务及民事责任等义务性的约束较为宽松，对重大决策过错、腐败渎职等的惩处力度与威慑力不足。同时，

"对有违法违纪、严重失信失职行为的职业经理人，在中央企业甚至各级国资委所监管企业范围内实行职业禁入，一定期间不允许担任企业中高级管理人员"的职业禁入制度，以及国有企业职业经理人组织人事管理、出国（境）管理、决策事项履职记录、重大决策评估、决策过错认定、渎职追责等配套制度尚不完善，职业经理人履职行为"负面清单"制度仍在探索阶段，在实际操作中会因为缺少法律政策依据面临难题。

三是薪酬披露机制不够透明。国有企业的所有者是全体人民，各级政府代为持有并进行监督管理。政府为激发企业活力将所有权与经营权进行分离，委托给职业经理人进行经营管理。因此，职业经理人的薪酬、具体的契约履行情况以及考评结果需要向社会进行公开披露，建立强制性规定并明确具体、严格、规范的薪酬披露要求，保证国有企业职业经理人的薪酬公开透明，以使国有企业职业经理人的薪酬总额、薪酬确定依据、股票期权行权情况等关键内容受到社会的监督。这样不仅可以有效降低监督成本，还能在一定程度上提高国有企业职业经理人的经营自觉性，增强责任感，约束其行为。但当前关于国有企业职业经理人薪酬标准、考核评价结果等信息的公开机制不够健全，相关企业、监督管理部门以及考核部门的信息公开职责与信息公开主体不明确，信息公开不够透明。由于职业经理人的薪酬要根据市场进行定价，其与中层管理人员、一线职工的收入差距巨大。同时薪酬信息披露机制不完善、信息透明度不高，一方面，会导致企业职工与经理层之间产生信任缺失，积累不满情绪、逐渐产生消极怠工心理，进而影响工作效率和企业业绩，不利于国有企业的持续健康发展。另一方面，国企高级管理人员薪酬透明性不高，不利于股东对公司信息的了解，也不利于社会公众舆论对国有企业经理人薪酬的监督与约束。目前，披露出的经理人薪酬一般只公开税前年薪，并没有说明和业绩的相关性，存在国有企业职业经理人可能对公司业绩进行粉饰的隐患，甚至可能会出现即使国有企业业绩亏损，经理人的薪酬依然居高不下的情况。

四是职业经理人退出后追责追溯困难。国有企业对于离职的职业经理人因举措不当造成经营性亏损或企业资产流失、破产的，追究职业经理人的政治、经济责任的难度较大。一方面，对建立职业经理人制度最传统的理论解释是企业董事会与职业经理人之间是委托代理关系。在委托代理关系下，职业经理人履行职责取决于董事会的授权，相应的重大经营损失责任也应由董事会承担，在法理上增加了追责难度。另一方面，一些国有企业内部由于权责界限不够明晰，导致对职业经理人的监督严重缺乏，对职业经理人追责追溯相关配套机制不够重视，甚至没有及时性的追责响应机制。同时，相关触发条件、追索范畴的模糊在操作层面又增加了困难。

五是相关法律规定需与时俱进。除公司内部对职业经理人的履职监督机制作为约束之外，对于职业经理人的外部约束主要包括国家法律、社会道德、舆论、信用体系等，但在现行法律下职业经理人法律地位不明确，《中华人民共和国公司法》《中华人民共和国企业国有资产法》中对职业经理人相关规定存在缺失，具体法条见表4-7。

①经理任职资格要求过于宽松。由于职业经理人对企业的经营绩效负有重大责任，因此其必须具备优秀的经营管理能力。但《中华人民共和国公司法》第一百四十六条和《中华人民共和国企业国有资产法》第二十三条中的规定将道德品质置于经理任职资格的一般性规定中的核心地位，而对经营能力的要求不足，只是给予最低限度的要求，即"对破产企业负有个人责任"者不得作为公司经理，而没有对其才能做出更加具体的专门性要求。

表4-7 职业经理人相关法律规定存在缺陷

职业经理人相关问题	《中华人民共和国公司法》相关规定	《中华人民共和国企业国有资产法》相关规定
经理任职资格要求过于宽松	第一百四十六条【高管人员的资格禁止】有下列情形之一的，不得担任公司的董事、监事、高级管理人员：（一）无民事行为能力或者限制民事行为能力；（二）因贪污、贿赂、侵占财产、挪用财产或者破坏社会主义市场经济秩序，被判处刑罚，执行期满未逾五年，或者因犯罪被剥夺政治权利，执行期满未逾五年；（三）担任破产清算的公司、企业的董事或者厂长、经理，对该公司、企业的破产负有个人责任的，自该公司、企业破产清算完结之日起未逾三年；（四）担任因违法被吊销营业执照、责令关闭的公司、企业的法定代表人，并负有个人责任的，自该公司、企业被吊销营业执照之日起未逾三年；（五）个人所负数额较大的债务到期未清偿	第二十三条 履行出资人职责的机构任命或者建议任命的董事、监事、高级管理人员，应当具备下列条件：（一）有良好的品行；（二）有符合职位要求的专业知识和工作能力；（三）有能够正常履行职责的身体条件；（四）法律、行政法规规定的其他条件
经理选聘机制行政化色彩明显	第四十九条【经理的设立与职权】有限责任公司可以设经理，由董事会决定聘任或者解聘	第二十二条 履行出资人职责的机构依照法律、行政法规以及企业章程的规定，任免或者建议任免国家出资企业的下列人员：（一）任免国有独资企业的经理、副经理、财务负责人和其他高级管理人员

续表

职业经理人相关问题	《中华人民共和国公司法》相关规定	《中华人民共和国企业国有资产法》相关规定
经理权利架构界限不清	第四十九条【经理的设立与职权】经理对董事会负责,行使下列职权:(一)主持公司的生产经营管理工作,组织实施董事会决议;(二)组织实施公司年度经营计划和投资方案;(三)拟订公司内部管理机构设置方案;(四)拟订公司的基本管理制度;(五)制定公司的具体规章;(六)提请聘任或者解聘公司副经理、财务负责人;(七)决定聘任或者解聘除应由董事会决定聘任或者解聘以外的负责管理人员;(八)董事会授予的其他职权。公司章程对经理职权另有规定的,从其规定。经理列席董事会会议	
经理信义义务缺少明确规定	第一百四十七条【董事、监事、高管人员的义务和禁止行为】董事、监事、高级管理人员应当遵守法律、行政法规和公司章程,对公司负有忠实义务和勤勉义务。董事、监事、高级管理人员不得利用职权收受贿赂或者其他非法收入,不得侵占公司的财产	第二十六条 国家出资企业的董事、监事、高级管理人员,应当遵守法律、行政法规以及企业章程,对企业负有忠实义务和勤勉义务,不得利用职权收受贿赂或者取得其他非法收入和不当利益,不得侵占、挪用企业资产,不得超越职权或者违反程序决定企业重大事项,不得有其他侵害国有资产出资人权益的行为

资料来源:作者整理。

②经理选聘机制行政化色彩明显。《中华人民共和国公司法》第四十九条对经理的选聘做出了一般性规定,即将经理的选任权交给了董事会,但是未对此做出进一步的详细规定。《中华人民共和国企业国有资产法》第二十二条则规定国有企业的

经理由履行出资人职责的机构进行任免,这种选任模式具有较强的行政化色彩,强化了国有企业职业经理人选聘的行政化程度,与职业经理人改革的指导思想相违背,甚至会造成相关人员的寻租腐败。

③经理权利构架界限不清。《中华人民共和国公司法》第四十九条分别从组织经营、规章制定、人事任免等方面对经理的内部经营管理权利做出了明确规定,但缺少对经理的对外商事代理权与签字权等的明确规定。

④经理信义义务缺少明确规定。《中华人民共和国公司法》第一百四十七条与《中华人民共和国企业国有资产法》第二十六条对经理的忠实义务和勤勉义务做出了相关规定,但是这些规定过于概括,还存在很多诸如经理对债权人、中小股东等是否承担义务等没有明确规定的情况。

此外,由于缺乏法律责任承担标准和形式等方面的明确规定,实践中存在"经营亏损就追责""投资失败就追责"的倾向,导致实践中职业经理人对于进入国有企业工作呈现出担心被盲目追究法律责任的"畏惧"情绪,在一定程度上影响了国有企业职业经理人制度的贯彻落实。

五　中国国有企业职业经理人制度的实践探索

中央企业和地方国企加速推进职业经理人改革进程，实践探索中因地制宜、因企施策，积累了宝贵的做法和经验。本章对当前国有企业推行职业经理人制度的典型开展方式进行概括总结，以华润集团、中粮集团、新兴际华集团、深投控、河南能源为典型案例，对其基本做法和主要经验总结提炼，为国有企业建立符合自身特点的职业经理人制度提供借鉴。

（一）国有企业推行职业经理人制度的典型方式

根据中央企业及各地方国有企业推行职业经理人制度的开展情况，总结形成职业经理人推行的四种典型开展方式，分别为"四化管理方式""现有领导人员'转身方式'""市场化的经理人方式""个别岗位市场化选聘方式"（详见表5-1）。国有企业应根据自身管理实际、所处行业和发展阶段，选择符合企业特点的模式，推动企业高质量发展。

1. 四化管理方式

"四化管理方式"指根据《"双百企业"推行职业经理人制度操作指引》（以下简称《指引》）要求，严格按照市场化选聘、契约化管理、差异化薪酬、市场化退出的方式，开展的职

中国国有企业职业经理人制度研究

表 5-1　国有企业职业经理人的典型开展方式

项目	四化管理方式	现有领导人员"转身方式"	市场化的经理人方式	个别岗位市场化选聘方式
方式	市场化选聘、契约化管理、差异化薪酬、市场化退出"四化"原则管理	现有领导人员自愿申请"转身"	对领导人员进行市场化管理	个别岗位公开选聘
实施范围	全体经理层成员	经理层成员	经理层成员	经理层成员个别岗位，一般为总经理、营销副总、投资副总等
身份认定	市场人（"市场来"、"市场去"）	市场人（个别企业存在退出岗位）	不做认定	市场人
选任方式	市场化聘任	内部转身	市场化选聘是来源之一	市场化聘任
劳动合同管理	重新签订劳动合同	重新签订劳动合同	按照劳动合同管理	按照劳动合同管理
组织人事档案	一出：人事档案 一进：党组织关系	企业做法不同	不做特殊规定	企业做法不同
市场化选聘	需要开展	不需要	根据情形不同开展	需要开展
人员来源	外部+内部	内部	外部+内部	外部
薪酬水平	按照业绩与薪酬对标确定，对标+协商	现有薪酬的一定倍数（如1.2~1.5）	系统内经理人整体按照市场化对标确定	单一岗位按照市场化对标确定

续表

项目	四化管理方式	现有领导人员"转身方式"	市场化的经理人方式	个别岗位市场化选聘方式
退出方式	退岗退企	退岗	退岗、退企、退岗具体考核和管理情况	退岗退企
出国（境）管理	证件本级党组织管理，出国（境）请假手续	按照干部管理要求	按照干部管理要求	企业可以自行明确
个人事项申报	企业可以自行明确	需要申报	需要申报	企业可以自行明确
退休	按规定退休、符合条件，可协商确定	按规定退休	按规定退休	按规定退休、符合条件，可协商确定
培养发展	加强对职业经理人的思想政治教育，提升职业经理人的专业能力和职业素养	按照现有干部培训体系	按照现有干部培训体系	企业可以自行明确

资料来源：作者整理。

业经理人制度建设。代表企业包括部分"双百企业"、天津市国资委所属企业、山东省国资委部分职业经理人试点企业、航天科技集团公司相关试点企业、中建材集团相关试点企业等。以天津市属企业为例，天津市国资委形成了"制定招聘方案—发布招聘公告—实施综合考评—进行组织考察—作出聘任决定—建立聘任关系"等一套完善程序和工作机制。在经理层改革选聘工作中，充分发挥党组织的领导把关作用，严格履行各项程序，在工作方案制定、公告发布、人选资格审核、综合考评、组织考察以及聘用人选等环节，均由各级党组织逐级研究审批。选聘人员时，考虑到应聘人员特质，按照人岗匹配原则大胆选用，不对应聘人员有过多级别、资历等方面的歧视或限制。对于表现优异但落选总经理岗位的3名人选，结合班子建设实际，聘任为副总经理人选。按照"一企一策"原则，制定职业经理人薪酬考核方案，设立"目标值"和"门槛值"，体现强激励、硬约束导向，建立了科学、系统、规范的经理层管理体系。在目标设置方面，相比组织任命的领导人，职业经理人目标高10%。通过引进市场化等一系列的改革和制度创新改变了企业传统的经营管理理念，真正激发了企业内生动力和创新活力。

2. 现有领导人员"转身方式"

现有经理层成员通过自愿申请的方式，放弃国有企业体制内干部身份，整体转身为"市场人"，采取契约化管理、薪酬水平对标市场的管理方式。代表企业包括云天化下属企业、中节能下属试点企业等。以云天化为例，2018年12月启动现职经理层身份转换。2019年1月10日，总经理段文瀚和52名干部在云天化股份年度工作会议上，重新签订劳动合同书，签订聘用合同书、年度/任期业绩合同书，云天化股份总部和15个主要分、子公司经理层成员将全面实施契约化管理。① 通过市场化改革后，转变经理层成员身份，一方面去掉国企领导干部"铁饭碗"身份，改革现行干部管理体系；另一方面在企业内部按照《职业经理人管理办法》进行管理，推动国有企业干部身份转化。在实行职业经理人制度改革后，云天化股份的核心领导方式发生重大变化，形成了激励明确、管理科学、制度完善的发展模式。云天化发布的 2021 年第三季度业绩报告显示，公司前三季度归属于上市公司股东的净利润为 27.72 亿至 28.72 亿元，同比增加超过 25 倍；归属于上市公司股东的扣除非经常性损益的净利润达 26.76 亿至 27.76 亿元，创下了上市以来的最高水平。②

3. 市场化的经理人方式

市场化的经理人方式指在市场化程度高的国有企业推行的，对高管人员普遍性的市场化聘任、市场化薪酬、市场化退出的管理方式。不强调是否根据《指引》实施，人员来源既有市场化选聘，又有市场招聘，退出方式根据具体情形和原因，既有市场化退出，也有企业内部安排。代表性企业包括华润集团、广东粤海集团等。

4. 个别岗位市场化选聘方式

企业内部存在"双轨制"的管理方式即市场化选聘企业领导班子的个别岗位，并按职业经理人方式进行管理的模式。代表性企业包括各省份国有企业、国家电投某海外公司、中铁集团某海外公司、央企下属金融类公司等。以某省公开选聘职业

---

① 经典案例：《云南白药等四大国企，三项制度改革怎么突破？》，2020-09-27［2022-07-15］，https://www.163.com/dy/article/FNEV4MJB0519A26B.html

② 饶恒：《云天化：立体式激发人的活力》，《国资报告》2019 年第 5 期。

经理人为例，在推进职业经理人改革的过程中主要是面向省内外市场化选聘 18 名职业经理人、1 个经营管理团队。相关职位包括某集团有限公司副总裁 1 名；某工业股份有限公司副总裁 1 名；某运输集团有限公司副总经理 1 名等。除明确市场化选聘职业经理人基本条件、任职资格等，还对不得参加选聘的情形进行限制和说明。明确不得参加选聘的情形包括：个人原因造成企业亏损或资产损失数额较大的；个人在企业经营管理活动中有弄虚作假记录的；受过司法机关刑事处罚的；被人民法院列入失信被执行人名单，尚在执行中和解除执行未满三年的；处于党纪、政纪处分影响期内的；涉嫌违纪违法正在接受有关机关审查尚未作出结论的；国家法律法规、党纪政纪和有关政策另有规定不能担任企业领导人员职务的；党政机关、事业单位等报名人员近三年年度考核曾被评为基本称职（基本合格）、不称职（不合格）的；其他原因不适合参加选聘的。此外，还进一步严格规范报名、资格审核、面试、组织考评、公式及签约等选聘程序。并对市场化选聘的岗位提供更具竞争力的薪酬，以因人而异的方式实行协议薪酬制，同时考虑子女入学、配偶工作等实际生活问题。通过引入市场化的选聘方案，拓宽了选人用人渠道，但在后续实际的管理工作中仍需要在内部进行"双轨制"管理以提升企业的市场绩效，增加职业经理人的管理实践经验。

（二）华润集团推行职业经理人制度的改革探索[①]

在推进企业改革发展的过程中，华润集团积极贯彻落实中

[①] 华润集团作为总部设在香港地区的国有重点骨干企业，提供的产品服务和百姓生活息息相关，形成了兼具驻港央企、红色基因、聚焦民生、多产业协同、市场化竞争的鲜明特征，在推进企业改革的同时，形成了具有华润特色的职业经理人管理思路。本部分根据对华润集团实地调研的一手材料及华润集团提供的相关素材编写而成。

央政策精神要求，结合企业战略转型实际，形成了具有华润特色的职业经理人管理方式。

1. 基本情况

职业经理人制度建设是深化国企改革的一项重大政策措施。华润集团作为总部设在香港地区的国有重点骨干企业，历经三次转型发展，业务涉及大消费、城市建设运营、大健康、综合能源、产业金融、科技与新兴产业六大领域，现已成为一家以实业为核心的多元化控股企业集团，市场化程度高已经成为华润鲜明的特征，职业精神已经成为华润经理人突出的表现。作为驻港央企，一方面为贯彻中央关于深化国企改革的政策要求，另一方面出于集团业务发展和转型的需要，华润集团积极探索国有企业职业经理人制度建设并形成了具有华润特色的职业经理人管理思路。

2. 主要做法

华润集团在推行职业经理人制度建设中，在遵循中央政策的前提下，在内部提倡建立开放、包容、发展的组织文化，统一思想，转变观念，达成共识。同时，对职业经理人进行全生命周期的管理，形成包含选聘、培训、管理等内容的完整的配套体系。

（1）市场化选聘

华润集团坚持党管干部原则，坚持发挥市场机制作用，明确选聘人才标准，既立足于内部培养，又通过外部市场引进，扩大选人的视野，将各方面的优秀人才都汇聚到华润旗下干事创业。

一是营造市场化选聘氛围。除了中央任命的集团领导班子成员，目前集团直接管理经理人及下属利润中心各级经理人，无论内部培养，还是外部引进，均通过"聘任"赋予职务，卸下"政治身份"包袱。集团内部形成尊重市场用人规律的氛围，经理人面对因业务调整、架构调整等原因伴生的进、退、留、转等岗位调整时，内心相对容易接受。

二是明确经理人选聘标准。遵循国企领导人员20字标准，围绕高素质和专业化的要求，构建了华润经理人能力素质模型，包括"政治素质过硬、引领价值导向、塑造组织能力、具备专业水准、持续创造价值"五大一级维度和20项二级维度。把政治素质放在首位，强调政治能力的考察与把关，同时要求经理人具备职业素质、专业水准、管理能力等。把华润经理人能力素质模型作为选聘经理人的基本标准，配套上线人才测评工具，解决了用人标准不清晰的问题，使选聘更加科学和客观，形成鲜明的用人导向。

三是采用灵活选人用人方式。活用四种选聘职业经理人渠道，以内部提拔方式为主，适时补充公开竞聘、外部引进、交流轮岗的方式。经理人内部提拔严格执行选任程序，全面落实党委选人用人主体责任，源源不断地挖掘和培养内部人才。针对部分空缺岗位，如专业型或通用型岗位，在全集团范围内开展公开竞聘、竞争上岗，激发队伍活力和动力。基于人才培养、业务协同、文化融合的需要，倡导和推动经理人交流轮岗，促进人力资本优化配置。

四是延揽内外部优秀管理人才。2016年以来，先后有6家利润中心通过竞聘产生新的管理团队，24人走上新的管理岗位。推动经理人交流轮岗，着力培养复合型经理人，56名经理人跨单位、跨行业平级交流任职，不断激活内部人才市场，增强内部职业经理人的动力和事业心。基于转型创新和高质量发展需求，华润医药、华润金融、华润银行、华润资本等17家单位进行市场化选聘，外部引入28名集团直管经理人，加强外部人才市场的资源获取，优化了集团经理人队伍结构。围绕内地业务市场，五湖四海广开进贤之路，在引进国内优秀职业经理人的同时，立足中国香港地区、放眼世界，加大海外人才引进力度。

（2）系统化培训

华润对经理人，不是"一招了之""一聘了之"，而是利用华润的培训资源，帮助他们融入华润，提升他们的理论素养和专业本领。集团围绕"四个顺应"完善培训体系，把提高经理人队伍的职业化水平的工作要求与不同类别、不同层级、不同能力水平的职业经理人发展需求相结合，开展对职业经理人理想信念、职业素养、业务知识和管理能力的培训。

一是顺应时代需要，加强思想政治教育。从培训范围、内容、形式三方面着手，全面提升经理人队伍的政治素质。从培训范围来看，全面覆盖各级组织、境内境外的2900余名经理人，开展40期"党的十九大精神轮训"，不区分政治面貌和国籍。从培训内容来看，将习近平新时代中国特色社会主义思想列为经理人培训必修课，增设党建培训模块，在"华润之道""优秀年轻经理人培训班"等培训中设置专题学习。从培训形式来看，面向全体经理人开放党建移动学习平台，提供多样化、自主化、便捷化的学习服务。

二是顺应战略需要，开展新领域管理人才培养。围绕"十三五""双擎两翼"战略，开展三类专项培训，培养经理人战略意识和专业能力，累计培训1970人次。开展"国际化人才"培训，注重培养能理解和把握国际市场走势的海外战略投资人才。开展"互联网之道"培训，搭建经理人互联网思维和知识体系，加速华润产业互联网转型升级。开展"基金经理"培训，有效整合和运用资本，提升"募投管退"能力，推动资本和产业有效结合。

三是顺应组织需要，分层分类培养经理人。通过实施分层分类经理人培养体系，系统培养经理人专业精神和职业意识。分层次开展行业领军人才、关键岗位人才、后备人才的培训项目，包括集团新任正职经理人培训和新任直管经理人培训、利润中心新任经理人培训、"华润之道"培训,实现管理人才梯队培养;分类开展"高管团队融建""集团优秀年轻经理人""女性经理人"培训,针对性提升经理人职业素养。

(3) 契约化管理

华润通过"三种纽带"建立"三种契约",明确经理人任职的责权利,约定经理人任职期间的工作目标、奖惩措施等多方面内容。一是以《党建工作责任书》为纽带,落实各级党组织主体责任和主要负责人第一责任,建立与经理人之间的"一岗双责"、廉洁自律的"责任契约";二是以华润"诚实守信、业绩导向、以人为本、创新发展"的价值观为纽带,建立与领导干部之间的思想认同、职业操守等"文化契约";三是以业绩合同、综合考评为纽带,严格任期管理和目标考核,建立与业绩考核紧密挂钩的激励约束机制,建立与经理人之间具体绩效任务的"管理契约"。

在实际管理中,逐步建立和完善党建评价、业绩评价和综合评价三位一体的经理人评价体系,将评价结果充分应用于经理人管理各环节,促进经理人管理能力和经营业绩的持续提升。一是根据《党建工作责任书》,开展年度党建工作评价,不仅从人员思想作风、工作机制、党的组织等内在标准考核,还从企业健康发展、组织高效务实等外在标准考核。二是开展三年一周期的战略评价与年度业绩评价,分解落实集团五年战略规划,实现中长期和短期评价兼顾,综合考虑企业业绩发展要求与整体战略目标,设置定量、定性指标,并与市场领先企业对标。三是开展管理团队及经理人综合评价,以评价个人、诊断团队、提升组织力为目标,每三年对领导班子运作和经理人履职进行一次检视,深入剖析管理团队的业绩达成、团队运作等优势和不足,提出干部交流、梯队培养、退出等建议,优化班子配置。

此外,集团根据中央有关要求,持续完善契约化管理,强化经理层成员的责任、权利和义务对等。一是明确任期期限,任期期满后，须重新履行聘任程序；二是划分权责界限，明确管理层成员岗位职责及工作分工；三是实施刚性考核，签订业绩合同、聘任协议、履职承诺，开展年度及任期经营业绩考核；四是加强结果应用，合理拉开管理层成员薪酬差距，对考核不合格的强制退出岗位，解除（终止）聘任关系，视情况可安排其他岗位。

(4) 差异化薪酬激励

华润通过完善"强激励、硬约束"的市场化激励机制，强化经理人的责任意识和风险意识，将职业经理人的收入水平与承担的责任、经营的风险相挂钩，做到业绩薪酬双对标，建立起与企业利益共享、风险共担的激励机制。

从薪酬结构来看，职业经理人薪酬结构统一由基本工资、短期激励、长期激励构成，明确个人薪酬与公司盈利直接关联。基本工资是经理人生活基本保障，由公司规模、战略重要性与管理难度归类确定；短期激励是经理人年度绩效奖金，通过结构化的目标绩效奖金机制确定，基于年度业绩合同评价结果核发；长期激励是经理人对公司可持续发展的贡献回报，依据集团三年战略评价进行兑现，适当与核心经营指标挂钩。其中，短期激励与战略激励均设有业绩门槛值，仅当满足业绩要求时，才能获得年度奖金及战略激励。

从激励机制来看，集团构建与职责能力相匹配、与企业类型相适应、与市场竞争相兼顾、与经营业绩相挂钩的差异化薪酬分配体系，将业绩和薪酬进行市场对标，实现经理人收入"能增能减"。首先，基于业绩合同，挑选关键经营指标与对标群体，综合考虑业态、业务规模、上市地等因素确定行业标杆组，确定业绩分位。其次，进行薪酬对标，选取对标企业、口径、周期，核算薪酬分位，原则上薪酬对标企业与业绩对标企业保持一致。最后，将业绩分位水平与薪酬分位水平进行对比，对薪酬动态调整，当业绩分位水平低于薪酬分位水平且超过合理区间的，按规则下调薪酬。"双对标"机制充分体现市场化原则，强化了业绩与薪酬挂钩的有效激励。

（5）机制化退出

华润以市场化选聘、契约化管理为基础，通过明确退出规则、畅通经理人退出渠道、高效执行退出机制"三步走"，构建行之有效的退出机制，畅通经理人退出的"出口"，维护经理人队伍正常的新陈代谢。

一是建立经理人退出的规则。按照"精准施策、严格审批、系统配套"原则，推动经理人能上能下，保证经理人梯队正常接续、新陈代谢。制定经理人退出有关规定，对经理人的退出方式、退出标准、退出认定及退出后的安排保障等作出具体规定；对经理人违纪违法违规、激情减退或能力不胜任工作、公司业务或组织架构调整等情形，明确提出经理人退出的刚性要求；健全退出相关的配套薪酬福利政策，促进工作的机制化、常态化。

二是完善经理人退出渠道和保障计划。对经理人退出情形进行认定，并相应明确经理人退出方式，经理人退出后将按规定享受相应的保障计划。退出方式包括正常退出、提前退出、强制退出等。同时，配套设置经理人退休保障计划，包括医疗健康保险、企业年金、荣誉称号、讲师课酬等。

三是强化退出制度落地执行。集团坚持优者上、庸者下、劣者汰，对违纪违法、经营不善、不胜任现职务、不担当不作为的经理人，根据具体情节该免职的免职、该调整的调整、该降职的降职，使能上能下成为常态。2014 年以来，因违纪违法有 17 位经理人被免除职务或开除公职；有 5 位经理人因经营管理不善被解聘、离开华润，其中包括两家二级单位总经理。

3. 典型经验

华润集团持续推进职业经理人制度建设，构建了"根本遵循、关键要素、实施路径"三个层次的长效模式，经理人队伍结构日益科学合理，形成了开放、包容、发展的组织文化，激发了经理人干事创业活力，为推动华润转型创新和高质量发展提供了坚强的人才支撑。

（1）队伍结构日趋专业化和科学化

华润自实施职业经理人制度建设以来，经理人队伍来源广泛、结构合理，队伍呈高学历、年轻化等特点。截至2020年12月，华润集团党委直接管理的经理人平均年龄50.7岁；女性占13.3%；中共党员占86.4%；本科、硕士、博士学历分别占35.7%、54.2%和6.7%，合计占比为96.5%。从来源结构看，经过长时间的市场化选聘，华润集团党委管理的经理人中，外部引进的职业经理人占比达49.0%，内部培养和公司并购的经理人分别占24.8%和26.2%。同时，加大国际化人才的引进力度。从队伍特征来看，形成了多元化、市场化、相对职业化和专业化的特征。在消费品生产、医药健康、住宅开发、公用事业等领域培养了一支政治过硬、素质优良、专业突出的专业化经理人队伍。

（2）选人用人文化逐步开放包容

华润对职业经理人制度的探索与企业改革发展的脉络始终同频同步，随着每次组织转型发展，组织文化也不断沉淀、传承、重塑和创新。随着职业经理人制度的推进，经理人普遍的思想观念转变为去行政化、去除"官本位"思维，能够接受没有"政治身份"的现实，能够接受行政职务的聘任制，能够接受薪酬与业绩的强挂钩，在内部更多强调职业意识和商业思维，能够以开放的心态接受变化、参与竞争、直面不确定性，组织文化呈现开放、包容等特点。

（3）组织活力得到不断激发

华润集团通过推进职业经理人制度建设，畅通人才流动渠道，激发高管团队活力，实现了人力资源的有效配置。一方面，通过市场化选聘方式外部引进经理人，扩大选人用人视野，着力增加战略性人才供给，不断引入新理念和新思想，激发经理人队伍活力。另一方面，建立一套选聘、培养管理、保留、退出的配套体系，为经理人的职业发展和个人价值体现提供有力的制度保障，进一步激发经理人对职业精神、专业能力、经营业绩的追求。

4. 面临的困难

（1）行政化管理思想观念有待彻底转变

实施文化重塑、凝聚思想共识是职业经理人制度建设破题谋篇的第一步。在国有企业中，行政级别观念还很严重，在机构设置、行政级别设定上仍存在较大问题。在推行职业经理人的过程中，最大的难题就是思想观念的转变，能够真正接受"去行政化"，成为企业管理人员。

（2）市场机制作用有待进一步发挥

一方面，职业经理人供求市场不平衡使得未建立职业经理人的优胜劣汰机制，给市场化选聘带来难度。另一方面，职业经理人资质评价和诚信评价欠缺社会化支撑，集团内部职业经理人测评的独立性和针对性还有待完善。

（3）尚未形成有效的内部职业经理人培养机制，经营管理人才供给不足

目前华润集团的职业经理人制度的设计主要在选聘、薪酬、考核等领域，较少关注职业经理人的培养问题。在企业内部尚未建立和形成有效的内部职业经理人培养模式，集团内部职业经理人专业化、职业化、国际化程度不足。

5. 改革启示

（1）推行职业经理人制度注重做到"四管两放"

华润长期在民生领域深耕细作，业务与大众生活息息相关，

形成了兼具驻港央企、红色基因、聚焦民生、多产业协同、市场化竞争的鲜明特征。华润业务发展的诸多特点，影响和形成了经理人队伍的一些显著特点，比如经理人来源多元化、行业充分市场化、人员相对专业化和职业化等。华润在推行职业经理人制度建设中，将坚持党管干部、党管人才原则作为根本遵循，注重做到"四管两放"，不断激发经理人的干事创业活力和创造力，推动党管干部原则与市场化机制有机融合。

"四管"就是"管方向、管政策、管制度、管人头"，以此保证对职业经理人管理的方向不偏移，保证党对干部人事工作的领导权和对重要干部的管理权。"两放"就是"机制上放活、工作上放手"，让经理人能够在政策允许范围内施展管理才能，充分释放经理人蕴含的人力资本。

（2）通过四步法营造"去行政化"、取消"官本位"的组织文化

一是凝聚思想共识，接受华润文化理念。无论经理人是内部培养还是外部引进，无论是外籍干部还是体制内党政干部，只要加入了华润，就要认同华润文化理念，遵循"引领商业进步，共创美好生活"的使命愿景，经理人的选拔任用全部履行"凡提四必"选任程序，按规定落实好"一规范"要求。二是充分参与市场竞争，追求高质量发展。要求经理人以实力去竞争、以付出求回报、用业绩来说话，不以政治素质掩盖职业素质、不以行政机制掩盖市场机制、不以党建目标掩盖利润目标。三是尊重市场规律，恪守商业规则。华润注重引导经理人树立职业意识、强化商业思维，结合自身特点开发了华润6S战略管理体系、5C价值型财务管理体系、TOP人力资源管理之道等系列现代化企业管理工具，有力地推动了企业管理思想的解放和公司生产力的解放。四是建立契约关系，实行市场化管理。在管理制度体系里和管理语境中，各级企业高级管理人员全部实行聘任制，职务名称与市场化接轨，从员工到经理人，均没有

所谓体制内的"行政级别"。

（三）中粮集团推行职业经理人制度的改革探索

中粮集团有限公司（以下简称中粮集团）积极推行职业经理人制度，在市场化改革的过程中对内部培养的5个级别的经理人，扩大选聘视野，从相关外资企业中选拔聘用职业经理人。形成了"内部培养+外部引入"的职业经理人制度探索模式。

1. 基本情况

中粮集团是首批国有资本投资公司试点企业。近年来，中粮集团党组全面落实国企改革三年行动要求，坚持以"市场化、年轻化，能者上、庸者下"为导向，真正激发企业内部活力和改革动力，通过市场化改革从市场中引入高质量人才，建设职业经理人人才队伍，推动企业的高质量发展。2020年，中粮集团经营业绩不断提升，利润总额首次突破200亿元，其中农粮核心主业利润首次突破100亿元，超同期、超历史、超预期，实现"十三五"圆满收官。[1]

2. 主要做法

（1）推动管理人员向职业经理人的转型

2005年以来，中粮集团在职业经理人队伍建设方面进行了积极探索，先后制定了《中粮集团经理人管理办法》《经理人组织选拔工作实施细则》《经理人社会招聘实施细则》《经理人内部竞聘实施细则》等制度及配套政策，在工作中不断完善经理

---

[1]《主责、主业、主人翁——中粮集团国企改革实践聚焦》，2021-04-30 ［2022-07-18］，http://www.xinhuanet.com/fortune/2021-04/30/c_1127398652.htm。

人选用的理念、标准和渠道。取消干部身份，推动管理人员向职业经理人转型，推行劳动管理合同制改革，所有管理人员和员工与所在单位法人实体签订劳动合同。消除了"集团派出和市场招聘"身份有别的模式，从用工机制上为职业经理人制度的建立提供了保障。此外，配套推行分配制度改革。突出岗位价值、建立与市场化机制相匹配的薪酬和激励机制。同时，注重对企业管理人员价值观的重塑，引导企业管理人员做好自身定位，强调个人和组织发展相结合，推动企业管理人员的角色转变。①

（2）完善职业经理人选用标准

中粮集团结合企业自身的特点，以世界一流企业为标杆，构建"高境界、强合力、重市场"的领导力模型，并以此作为选聘人才的标准和参考。注重对经理人"德"的考量，强调经理必须信念坚定，拥有良好的价值观和信仰；坦率真诚、乐观向上，不断释放正能量，勇于承担责任；做国有资产的"放牛娃"，清正廉洁。"高境界"得分不达标的经理人一律不予提拔。"强合力"要求经理人有大局意识，善于整合资源，推动协作共赢，带领团队促进组织发展。"重市场"要求经理人把为民服务的要求体现到客户服务中去，维护国家粮食安全和食品安全。在优化领导力模型的同时，完善综合评价体系。从价值观、专业知识、行业经验等方面，深入了解同类型同级别人才在市场上和行业内的稀缺性和重要性，客观评价人才价值；更加关注经理人管理风格与岗位阶段性工作任务的匹配，加强经理人评价的全面性和立体性。②

（3）拓宽职业经理人选用渠道

中粮集团内部在经理人选用上打破传统的行政层级，突破

---

① 任永强：《中国中央企业职业经理人制度建设研究》，博士学位论文，武汉大学，2016年。

② 任永强：《中国中央企业职业经理人制度建设研究》，博士学位论文，武汉大学，2016年。

资历和年龄的限制，向业绩表现优异、专业能力突出、有丰富基层管理经验的绩优高潜人才倾斜；推动轮岗交流，利用集团业务多元化的特点和快速发展的时机，大力推动经理人在不同业务之间、业务上下游之间、职能与业务之间、总部与基层之间的岗位轮换，激活企业内部人才市场。① 建立内部人才平台的同时，充分利用外部人才市场，逐步加大经理人外部选聘力度。

（4）构建职业经理人考评体系

制定出台了《绩效评价管理办法》。引入了人才会议机制，逐步构建起全面科学的经理人综合评价体系。② 一是建立集团总部、一级经营单位、二级经营单位、利润点四级绩效考核管理体系，上下贯通明确各层级考核范围和职责。集团设置 6S 管理委员会全面领导绩效的考核工作，包括确定与绩效考评相关的原则和程序，评价考核的结果等。③ 集团人力资源部为绩效考评办公室即绩效评价工作的执行部门，成员为办公厅、战略部、财务部、审计监察部相关负责人。各一级经营单位、二级经营单位都分别设立绩效评价领导机构，逐层级落实绩效管理工作。在实施绩效考核的过程中，集团除负责一级经营单位一把手和班子成员的考核外，对其他集团管理经理人的考核通过业绩合同统一备案制强化管理，各级经营单位分别负责各自管理经理人的业绩考核。

二是根据业务特点，探索个性化考核机制。打破单纯与历史比较的考核方式，调整"一刀切"的考核指标，努力构建符

---

① 任永强：《中国中央企业职业经理人制度建设研究》，博士学位论文，武汉大学，2016 年。
② 任永强：《中国中央企业职业经理人制度建设研究》，博士学位论文，武汉大学，2016 年。
③ 中国企业联合会课题组：《中粮集团成功转型的做法及启示》，《中国经贸》2008 年第 2 期。

合业务特点的、市场化的业绩考核机制。依据业务性质对下属经营单位设置个性化的考核指标,并将指标逐级分解至经理人,使考核更切合业务的实际。考核采用分类管理原则,按照"行业吸引""自身竞争力"两个维度,对"稳健业务""发展业务""培育业务""问号业务"四类不同的业务类型分别设置考核重点,实施分类管理、分类评价。具体而言,"培育期业务"的考核重点为营业收入增速;"成长期业务"的考核重点为市场份额、运营效率等;"成熟期业务"将考核投资回报率。在考核上引入标杆管理,在历史和预算比较的基础上,增加与目标值比较和与竞争对手/行业比较两个维度。四个维度在不同的指标中占据不同的权重。随着业务的不断成熟和数据的不断完善,集团逐步加大与竞争对手/行业比和与目标值比的权重。对下属的香港上市公司和内地上市公司全面引入了市值考核,考核结果对标竞争对手相关指标,对标行业平均值相关指标,对标股票市场相关指标。

建立人才会议机制。为了全面而客观地评价经理人的业绩表现和能力素质,借鉴 GE 公司经验,建立人才会议机制,为一把手全面了解、评价、提升和优化经理人管理提供工具和平台。集团由董事长、总裁、纪检组长和人力资源总监等组成评议组,通过集团评议的形式,从业绩和领导力两个方面对经理人进行综合评价,依据评定结果辅助相应的奖励、发展和退出计划。实现了经理人"一单位一评,一人一议",将经理人的考核评价与选拔任用、培养激励、退出等环节有机联系起来,健全了经理人管理的小循环,有效地增强了经理人管理的系统性。

(5) 建立职业经理人的薪酬激励机制

集团陆续出台《薪酬总额管理办法》《高级管理人员薪酬与考核管理暂行办法》《派驻海外企业人员薪酬福利管理办法》《福利管理指导意见》《企业年金方案》《"忠良百战奖"和"忠

良再读奖"评选办法》《长期激励管理办法》等制度、办法和细则，积极探索市场化薪酬激励机制。①

建立"以岗定薪，按绩取酬"，构建市场化薪酬体系。为充分激励经理人的潜能，积极开展以市场化为导向的薪酬体系改革，破除以行政级别划分薪酬标准的弊端，按照岗位价值确定薪酬水平。采用"基薪＋业绩奖金＋福利"形式，不同层级和类型的人员，基薪和业绩奖金比例不同，业绩奖金与经营业绩考核挂钩。通过以岗定薪，突出高价值岗位人才的地位，促进优秀人才从低价值岗位向高价值岗位流动提升；通过按绩取酬，逐渐推进薪酬分配差距。探索在集团下属3家香港上市公司（中国粮油、中国食品和中粮包装）实施股票期权激励计划及超额利润分享计划（GPS计划）。

3. 典型经验

（1）以"三点"为着力点，推动经理层人员能上能下

一是找准切入点，将目标责任制的管理模式引入企业内部。中粮集团注重在企业内部引入任期目标责任制，并据此对所有经理层成员进行统一、全面的管理，签订任期目标责任书，从而明晰各级管理层人员的权责利，实行契约化管理，以合同契约为纽带，将任期管理、薪酬激励以及绩效考评相连接，注重各级经理层人员心理契约的重构，实现有所为才能有所位的目标导向②。截至2021年5月，中粮集团已在二级16家子企业经理层全面实现任期目标责任制，三级以下企业实现率达到80%。③

---

① 任永强：《中国中央企业职业经理人制度建设研究》，博士学位论文，武汉大学，2016年。
② 《中粮集团以国企改革为抓手促高质量发展》，2021－04－25 [2022－07－20]，https://new.qq.com/omn/20210425/20210425A03OOL00.html。
③ 中粮集团：《建机制 强执行 激活力：深化三项制度改革》，2021－08－10 [2022－07－23]，http://www.cncecci.com/news/835.html。

二是找准落脚点，进一步推动完善经理人的考核评价体系。中粮集团当前形成了以日常考核为基础，年度、任期考核为重点并辅以专项考核，通过建立综合绩效考核评价体系，推动企业内部对考核结果的刚性运用。考评体系坚持抓两头、促中间，将考评结果应用于干部队伍的选拔提升，真正实现优秀者优先，同时对于年度、任期考评结果不称职、业绩考核不达标、民主测评较差的各级管理人员和领导班子，根据考评结果及时对岗位进行调岗、降职、免职等调整。自中粮实行职业经理人以来，2020年对包含3名二级单位班子成员在内的100余名领导人员进行了最终岗位调整，不能胜任的取消了其任职资格。其中，中粮糖业按照考核结果，严格执行了上述调整。2020年，15名领导被免职，4名被降职，26个职位被调整，占领导总数的11%。中粮可口可乐对核心销售经理实行季度考核排名并开展末位淘汰制。对最后5%的员工将给予黄牌警告，被黄牌警告两次的员工的职位和工资将被调整。[1]

三是找准着力点，全面、有序、稳妥推进职业经理人制度。中粮集团在推行职业经理人制度的过程中，始终坚持党管干部原则，坚持党管干部原则与董事会依法遴选经理层人员的有效结合，在实际过程中，中粮集团注重从点到面的实施，重点在市场化程度较高的二、三级企业进行试点，如总经理岗位的市场化选聘已先后在蒙牛乳业、中国茶叶、长城葡萄酒事业部、中粮饲料鲜肉制品部、中粮信托等单位实行，并根据行业市场制定绩效指标，实现薪酬市场化。[2]

（2）以"三个有"为目标，推动集团员工能进能出

首先，在全员劳动合同制度的基础上，构建了员工的进入

---

[1] 中粮集团：《建机制 强执行 激活力：深化三项制度改革》，2021-08-10［2022-07-23］，http://www.cncecci.com/news/835.html。

[2] 张银平：《推行经理层市场化选聘契约化管理的实践探索》，《现代国企研究》2021年第11期。

和退出机制。中粮集团坚持分级管理的原则。各级单位通过与全体职工签订劳动合同，明确劳动关系的法律形式，取消制度内的身份标签，打破全体职工"铁饭碗"意识。[①] 在整个集团内贯彻市场导向的招聘原则，形成市场竞聘氛围，促进形成公开透明的平等竞争和选择的文化环境。截至2021年8月，中粮集团各级子公司的公开招聘比例已达到98%以上。

其次，通过精简人员和机构，实现了人员能进能出有基础。集团简化了职能部门，减少了人员编制，同时重置总部和二级单位总部的人员编制。集团总部一级职能部门由12个减少到10个，二级职能部门由59个减少到43个，总部人员由610人减少到212人，减少65%，各二级公司职能部门减少40%。中粮贸易按照"品种+区域"模式精简矩阵管理架构，通过业务整合和"去行政化"精简机构，将二级单位从42个减少到29个。在最优化人员配置、精简组织机构的过程中，始终坚持依法合规，依据劳动合同行事，从而避免了劳动争议的发生。[②]

最后，通过员工末位调整制度，实现出入机制规范化。中粮集团通过建立人才盘点机制，全面落实各级企业员工进出管理制度。其中，明确了员工离职的五种渠道，包括不胜任、违法违纪、伤病、因公退休、辞职等，并详细列举了19起员工离职案例。中粮资本推出"活水计划"，大力推进人员正常流动和调整，2021年，其各级子公司撤出92名低绩效人员。[③]

（3）以推行"四化"为保证，实现收入能增能减

一是推进收入分配市场化。中粮集团坚持将行业、市场双

[①] 《中粮集团以国企改革为抓手促高质量发展》，2021-04-25 [2022-07-20]，https://new.qq.com/omn/20210425/20210425A03OOL00.html。

[②] 中粮集团：《建机制 强执行 激活力：深化三项制度改革》，2021-08-10 [2022-07-23]，http://www.cncecci.com/news/835.html。

[③] 谭峰：《深化三项制度改革 激发国企高质量发展活力》，《国资报告》2021年第8期。

对标，建立"一岗一薪、易岗易薪"的市场化薪酬体系。各级管理人员年薪标准不变，浮动薪酬比例（与企业业绩和实际贡献挂钩）提高，固定薪酬与浮动薪酬比例由6∶4调整为5∶5。同时，根据年度考核结果兑现奖金。例如，如果年度绩效评估分数在70分以下，则除降级、辞退等处理外，还将扣除所有经理的年度绩效奖金。真正实现经理层成员工资的能增能减。[1]

二是推行三年任期常态化。自2019年以来，中粮集团已在10家具有明确的商业模式、治理关系以及富有挑战性的发展目标的二级公司引入三年任期激励，通过与行业和市场进行对标，并设定高挑战性的目标，集团按照市场标准对三年内实现挑战目标的子企业的管理人员进行奖励，年度绩效奖金最高可达9倍；对于未达到要求业绩门槛的，将执行末位淘汰。同时，如果二级公司的业绩位列后三位，则必须调整领导层，真正实现强激励和硬约束的统一。[2]

三是推行科学奖励。中粮集团在尊重实际绩效的基础上，追求卓越激励，将物质奖励和精神激励并重。并依托中粮企业文化，设立"忠良百战奖"和"忠良再读奖"最高荣誉，奖励年度业绩最优秀的团队和为企业做出突出贡献的个人。在优秀团队的业绩评价上，尤为注重评价选择机制的科学性，坚持与市场标杆企业比较，与同级企业比较，与过去的历史业绩比较，兼顾投资回报率和利润增长率，并对排名靠前并及时取得优异成绩的公司给予积极激励。[3]

四是推行激励机制多元化。集团坚持风险分担、收益共享

---

[1] 中粮集团：《建机制 强执行 激活力：深化三项制度改革》，2021-08-10［2022-07-23］，http://www.cncecci.com/news/835.html。

[2] 《中粮集团以国企改革为抓手促高质量发展》，2021-04-25［2022-07-20］，https://new.qq.com/omn/20210425/20210425A03OOL00.html。

[3] 张银平：《推行经理层市场化选聘契约化管理的实践探索》，《现代国企研究》2021年第11期。

的理念，根据企业和业务的实际情况，探索建立多元化的中长期激励机制，实现员工与企业利益和未来发展的有效结合。推动超额利润分享机制的实施。2021，中粮 9 家子公司获得了超额利润分享奖，促使集团整体经营业绩翻了一番。3 家上市公司正在实施股票期权激励和限制性股票激励计划，4 家子公司正在实施员工持股计划，涉及 1500 多名领导和关键岗位的关键员工。依靠风险分担和收益分享的忠良的企业文化，调动了整个团队的工作积极性。其中，通过实施员工持股计划，中国茶叶大大提升了企业的盈利能力。业务增长速度明显，营业收入增长 57%，利润增长 4 倍以上。[①]

4．面临的困难

（1）激励约束机制尚待完善[②]

薪酬体系还需与企业的经营成果挂钩。职业经理人薪酬与企业绩效之间没有形成明显的相关联系，现有的制度设计也不完善，激励约束机制有待进一步完善。薪酬体系没有为董事会准确评估经理层人员，并提供相应支持，未能全面综合运用例如股权激励、股息激励、员工持股等多种激励政策。

（2）集团自主经营权仍需进一步落实

中粮集团需进一步落实企业的自主经营权。管理人员的选聘、考核个性化程度不高；企业董事会在选拔、任用和薪酬分配中没有真正发挥决定性作用；人力资源没有得到充分合理的流动，集团内部还未真正实现人员能上能下，收入能增能减。

[①] 中粮集团：《建机制　强执行　激活力：深化三项制度改革》，2021-08-10［2022-07-23］，http://www.cncecci.com/news/835.html；张银平：《推行经理层市场化选聘契约化管理的实践探索》，《现代国企研究》2021 年第 11 期。

[②] 任永强：《中国中央企业职业经理人制度建设研究》，博士学位论文，武汉大学，2016 年。

（3）职业经理人制度的配套体系有待进一步完善提高①

中粮集团每个子公司或专业化公司进行市场化改革，实施市场化选聘、契约化管理、差异化薪酬、经理人培养等方面有不同的目标，在这样的情况下，需要依据具体的情况确定每个子公司的经营、考核目标以及经理层和董事会的权责利界定，为不同的专业公司建立不同的对策，中粮集团仍需完善相关配套体系，推动建立更具吸引力和竞争力的市场化薪酬体系，兑现及时，有效调动人员的积极性。

（4）整体市场化选聘程度还需要进一步提高

需要进一步加强中粮集团经理层成员和员工市场化方面的意识，当前工作中缺少主动推动市场化选聘的积极性，同时，对市场化选聘的人员，上级干部的接受和认可程度并不高。在选拔市场化人才方面，需要进一步扩大选人用人的范围和视野。拓展市场化选聘管理者的级别和职位界限。

5. 改革启示

一是在集团内部坚持推行市场化改革。一方面，要实行市场化选人用人，全面推进人员选聘的市场化改革，真正做到人员进出、岗位升降以及薪酬高低的常态化，例如，中粮集团一直致力于将取消"铁饭碗"转化为全体成员的共识。另一方面，在专业化公司层面的非绝对控股企业或非核心主营业务中积极推行职业经理人制度。②

---

① 《董事会试点央企公司治理现状调查与建议》，2019-7-26 [2022-7-18]，http://www.chinado.cn/? p=8138。

② 《主责、主业、主人翁——中粮集团国企改革实践聚焦》，2021-04-30 [2022-07-18]，http://www.xinhuanet.com/fortune/2021-04/30/c_1127398652.htm；《中粮集团以国企改革为抓手促高质量发展》，2021-04-25 [2022-07-20]，https://new.qq.com/omn/20210425/20210425A03OOL00.html。

二是不断优化治理结构,促进企业释放活力。中国茶叶是中粮集团旗下的专业公司之一。2016年,国资委正式批准将其作为首批启动混合所有制改革、开展员工持股的试点。混合所有制改革后,中国茶叶始终在企业内部推行市场化改革,不断完善公司治理结构,极大地提升了企业内生动力,激发企业活力,将专业公司建设成为自主经营、自负盈亏、自担风险的市场竞争主体。①

(四) 新兴际华集团推行职业经理人制度的改革探索

新兴际华集团有限公司(以下简称新兴际华集团或集团)积极推进职业经理人制度改革,推行"能进能退、能上能下、能增能减"契约化改革,不断完善"强激励、硬约束"的绩效考核与薪酬管理机制。

1. 基本情况

新兴际华集团,是由原新兴铸管(集团)有限责任公司脱离原中国人民解放军总后勤部生产部及所辖军品企事业单位后于2000年重新组建的集团企业。是一家大型国有独资公司、《财富》世界500强企业和集资产管理、资本运营、生产经营为一体的国家创新型企业。② 新兴际华集团下设冶金、轻纺、装备、医药、应急和服务六大板块。③ 2005年,新兴际华集团有

---

① 《中粮集团以国企改革为抓手 促高质量发展》,2021-04-25 [2022-07-20],https://new.qq.com/omn/20210425/20210425A03OOL00.html。

② 刘明忠:《坚持央企"三色" 打造世界"一流"》,《企业管理》2011年第10期。

③ 《你好,我们是中国钢铁企业,是世界500强!》,2018-07-20 [2022-07-18],https://www.sohu.com/a/242404612_754864。

限公司被国有资产监督管理委员会列为董事会规范化建设试点单位;2014年又入选董事会授权试点。①

2. 主要做法

(1) 构建推行职业经理人制度的前置制度

一是优化完善公司治理结构。新兴际华集团实行三级法人治理结构,明确了三级董事会的定位和职能。适当交叉任命党委、董事会和管理层(见图5-1),同时,国务院派出的监事会与公司内部四个专业委员会共同形成了完善的公司治理结构②。新兴际华集团通过规范董事会建设、完善法人治理结构作为前置制度来促进职业经理人制度的建设和发展。

新兴际华集团董事会是董事会建设的核心,其工作重点是制定战略,管理流程,把握业务方向,控制风险,促进公司的改革与发展;二级公司董事会是集团董事会职能的垂直延伸,注重战略的分解与实施,促进各行业的专业化管理和整合、集约化经营和结构调整;三级公司董事会是二级集团(公司)董事会职能的基本支撑,重点关注重点项目和年度预算的实施执行,真正促进企业发展。标准化、规范化的董事会制度成为其推行市场化选人用人、契约化管理的基础。目前,新兴际华集团董事会中外聘董事超半数,来自不同领域的资深企业家、学者等构成的外部董事有效杜绝了"内部人控制"的可能。③

二是明确党委、董事会、经理层职权。《新兴际华集团三大管理层主要权责划分办法》对5个方面39类108项权责的使用

---

① 新兴际华:《严格契约化管理》,《上海国资》2015年第10期。
② 《中央企业推行职业经理人制度建设探索与思考——新兴际华集团全面推行模式》,2021-10-24 [2022-07-20],https://www.china-ppp.com/content/?1631.html。
③ 刘凌林:《国资投资运营平台之新兴际华模式:混合董事会阳光下运行》,《中国企业报》2015年3月7日第11版。

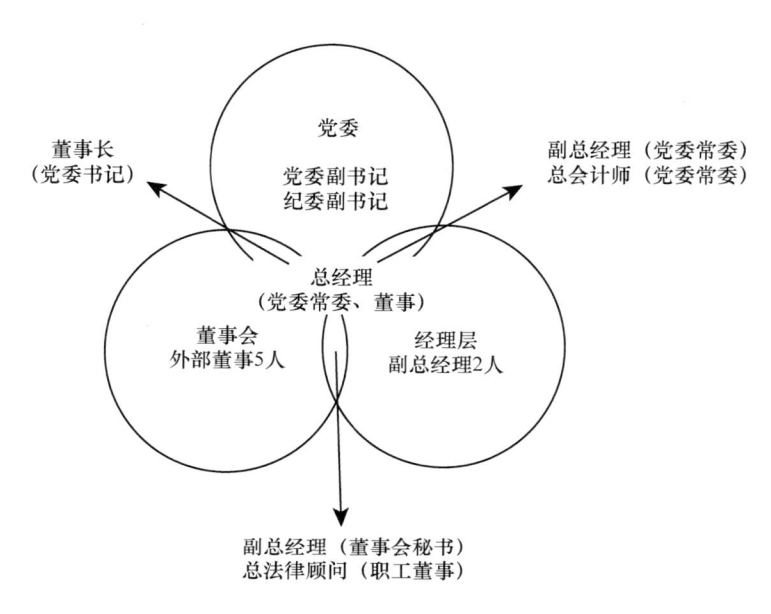

图 5-1 新兴际华集团党委、董事会、经理层交叉任职情况

进行了详细明确的规定，包括战略决策、经营管理、行政管理、人力资源管理、金融财务，实现在集中管理的基础上做到有序下放权力、有规则授权、有节度用权。形成权责明确、协同运行、有效制衡、共同促进发展的格局。集团以《公司章程》为基础，以董事会建设为抓手，制定了《董事会议事规则》《董事会规范建设指引》《董事会议案管理办法》等21项基本治理制度、19项内控制度。二级公司共发布了55项公司治理基本制度和92项内部控制制度。[①]

（2）设计市场化选聘的程序制度

新兴际华集团坚持"党管干部原则与董事会依法选择相结合"和"市场导向、突出企业管理"的原则，推动职业经理人的市场化选聘工作。其中在选聘范围上，按照自上而下的原则，

---

① 刘凌林：《国资投资运营平台之新兴际华模式：混合董事会阳光下运行》，《中国企业报》2015年3月7日第11版。

先在集团层面实施,再逐渐推广到二、三、四级公司。集团市场化改革后选人用人范围包括总经理、副总经理、总会计师、总工程师等高级经理人员。坚持以市场化为导向的选聘原则,主要包括公开招聘、内部竞聘和市场寻聘三种方式,综合考察候选人的综合素质实践经验,以确保选出满足企业需求的经理层人员,达到"人岗相适、优中选强"的选聘目的。在选聘标准上,根据岗位不同而适当调整选人标准,例如,在选用总经理时,从五个维度综合考量总经理职位候选人的能力:政治素质、动机与岗位匹配度、候选人的能力与愿景、经营与管理能力、创新与学习能力。

新兴际华集团市场化选聘经理人的具体工作流程如图5-2所示。(以总经理、副总经理、总会计师、总工程师等高级经理人员为选聘对象)[①]。

(3) 建立契约化管理制度

新兴际华集团的契约化管理制度主要集中在合同签订、薪酬激励与绩效考核、退出机制几方面展开。通过市场化改革、契约化管理,新兴际华集团提升了集团内的市场化竞争意识,充分调动了全体员工的主观能动性。

在签订合同方面,基于原有绩效考核体系,新兴际华集团在实践中梳理总结出了"两书、两办法",通过《岗位聘用合同》《年度经营业绩考核责任书》和《业绩考核办法》《薪酬管理办法》,[②] 抓住经理层"身份市场化""管理契约化"这两个关键,实现对经理层人员"能上能下、能高能低、能进能出"

[①] 《中央企业推行职业经理人制度建设探索与思考——新兴际华集团全面推行模式》,2021-10-24 [2022-07-20],https://www.china-ppp.com/content/? 1631.html。

[②] 《国有企业职业经理人制度手册》,2018-08-18 [2022-07-18],https://wenku.baidu.com/view/a8b6665f82c4bb4cf7ec4afe04a1b0717fd5b3d4.html。

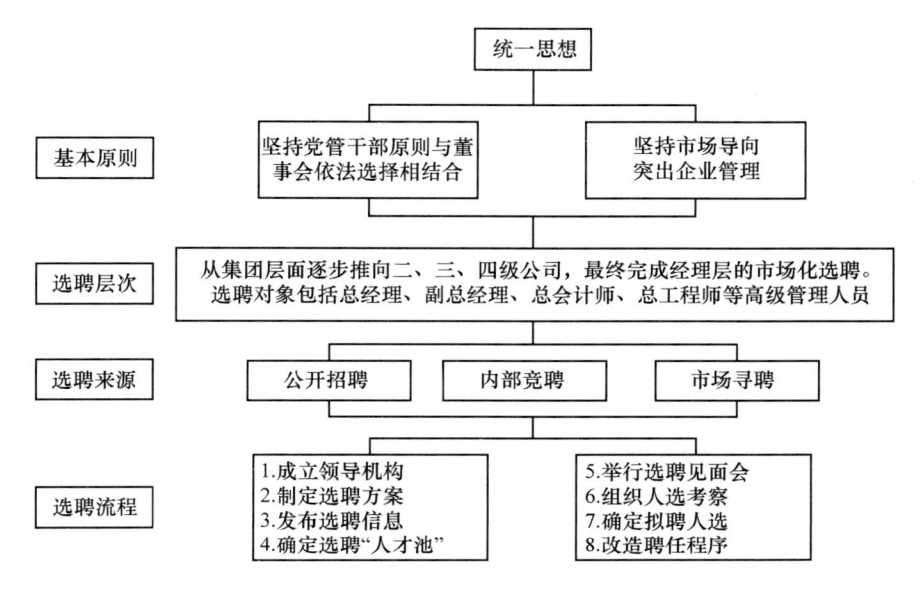

```
                    ┌──────────┐
                    │ 统一思想 │
                    └────┬─────┘
         ┌───────────────┴───────────────┐
┌──────┐ ┌──────────────────┐ ┌──────────────────┐
│基本原则│ │坚持党管干部原则与│ │坚持市场导向      │
└──────┘ │事会依法选择相结合│ │突出企业管理      │
         └──────────────────┘ └──────────────────┘

┌──────┐ ┌──────────────────────────────────────────┐
│选聘层次│ │从集团层面逐步推向二、三、四级公司,最终完成经理层的市场化选聘。│
└──────┘ │选聘对象包括总经理、副总经理、总会计师、总工程师等高级管理人员│
         └──────────────────────────────────────────┘

┌──────┐ ┌────────┐ ┌────────┐ ┌────────┐
│选聘来源│ │公开招聘│ │内部竞聘│ │市场寻聘│
└──────┘ └────────┘ └────────┘ └────────┘

┌──────┐ ┌──────────────────┬──────────────────┐
│选聘流程│ │1.成立领导机构    │5.举行选聘见面会  │
└──────┘ │2.制定选聘方案    │6.组织人选考察    │
         │3.发布选聘信息    │7.确定拟聘人选    │
         │4.确定选聘"人才池"│8.改造聘任程序    │
         └──────────────────┴──────────────────┘
```

图 5-2 新兴际华集团市场化选聘工作的具体程序

的管理"强激励、硬约束"。①

新兴际华集团在对职业经理人的考核方面做到了适度授权,即集团层面的职业经理人和二级公司的董事长由集团考核;二级公司的经理层由本公司自行考核;三级公司的正职由二级公司考核,副职在本公司内考核。在考核方面,采用"利润决定总薪酬,关键指标严否决"的考核机制。②

在退出机制方面,将市场化引入退出机制中,市场化的职

---

① 《中央企业推行职业经理人制度建设探索与思考——新兴际华集团全面推行模式》,2021-10-24［2022-07-20］,https://www.china-ppp.com/content/?1631.html。

② 《国有企业职业经理人制度手册》,2018-08-18［2022-07-18］,https://wenku.baidu.com/view/a8b6665f82c4bb4cf7ec4afe04a1b0717fd5b3d4.html;《中央企业推行职业经理人制度建设探索与思考——新兴际华集团全面推行模式》,2021-10-24［2022-07-20］,https://www.china-ppp.com/content/?1631.html。

业经理人的退出主要是终止其劳动合同。其中，社会和市场公开选聘的经理人在聘用合同解除后，劳动关系自动解除；而内部竞争上岗的经理人，在劳动合同终止后，只保留相应的职称和职位以及普通员工的身份，不再安排其他高级管理职务。①

3. 典型经验

（1）营造市场化选人用人的企业文化

新兴际华集团认识到人事问题是制约企业发展的重要因素之一，必须增强企业人员的市场化意识来打破领导干部的身份体制。通过在企业内部进行干部培训、思想宣贯，改变集团内部领导人员的级别化意识，逐步实现领导干部"去行政化"，推行机关全员竞聘上岗、关键岗位市场化选聘、外部引进人才等管理措施。集团上下通过多年的学习和贯彻形成并强化了市场化选人用人的意识和文化氛围。

（2）创新考核机制，实现契约化管理

新兴际华集团通过多年经验梳理出的"利润确定总薪，关键指标严否决""任期激励约束办法"考核机制，将"预算—利润—薪酬—考核"有机地结合起来，推动职业经理人薪酬考核体系的建立和完善，真正达到短期激励可实现、长期激励有效果。② 同时，新兴际华集团将考核结果与薪酬和干部任免刚性挂钩，高业绩指向高收益、低业绩指向低收益甚至免职，充分强化集团内部的竞争意识，调动人员的积极主动性和主

---

① 《中央企业推行职业经理人制度建设探索与思考——新兴际华集团全面推行模式》，2021-10-24［2022-07-24］，https://www.china-ppp.com/content/?1631.html。

② 《新兴际华：国有企业职业经理人制度的先行者——中央企业市场化经营机制改革模式解析》，2021-12-01［2022-07-20］，https://new.qq.com/omn/20211201/20211201A01HUV00.html。

观能动性。①

（3）实行"一企一策"，灵活调整职业经理人推行制度

新兴际华集团市场化选聘职业经理人的工作是从集团层面开始经过内部试点逐步推广到集团的二、三级公司。在实际推行的过程中，存在不同企业行业跨度较大、法人治理结构水平存在差异、企业所处发展阶段和现状显著不同等情况。因此，在不同级别、不同类型的企业市场化选聘职业经理人的过程中，集团采取了充分授权的方式，鼓励企业在集团整体推行规范的框架下，因企制宜、一企一策，探索建设更加高效灵活的职业经理人制度。在推行职业经理人的过程中，新兴际华集团还解决了部分二、三级公司长期存在的一些管理问题，例如法人治理结构不完善、机构臃肿效率低下等。

4. 面临的困难

（1）职业经理人制度上的偏差有待改善

新兴际华集团建设职业经理人制度的现有情况表明，多数职业经理人是由内部人员身份转化而来，因此，仍然存在认知偏差，进而阻碍了职业经理人制度的发展脚步。在企业内部，还存在一些员工保有较浓厚的传统保守思想，在思维意识上不愿打破传统的条条框框。

（2）职业经理人的配套管理机制不完善

当前，集团对职业经理人的管理改变了原有的行政管理模式，在人员选拔、绩效考核、薪酬激励等方面实现了契约管理，但尚缺乏各项市场化改革后的配套制度，例如在职业经理人个人事项申报、因私出国（境）管理、履职待遇和业务支出、兼职（任职）管理等问题的处理上，未建立相应的配套制度，职

---

① 严学锋：《新兴际华：善治而为 争先新国企》，《董事会》2020年第3期。

业经理人仍存在认识模糊地带。

（3）业绩考核和激励措施有待进一步完善

新兴际华集团的中长期激励手段还有待进一步完善以有效激励职业经理人。除了基本年薪、绩效年薪和任期激励等常见的激励形式外，还应建立中长期的激励手段，如超额业绩奖、股权激励、分红权激励等。以促进实现集团经营受到经济波动、行业波动的影响时还能及时兑付，真正起到激励作用。

5. 改革启示

（1）始终坚持党管干部原则与董事会选聘经理层相结合[1]

根据国务院国资委试点要求部署，新兴际华集团作为四家授权试点企业中的首家，探索董事会选任总经理先试先行。在选拔任用过程中，董事会作为选拔任用的主体，明确了候选人的岗位职责和任职资格，上级党委开辟了广泛的推荐渠道，董事会提名委员会组织面试，严格执行选聘流程，并接受党委、纪委监督。[2] 在公开选拔和任命中，董事会行使对管理人员的选任权，党委在干部选拔任用中行使"管原则、管标准、管程序、管纪律"的管理权，[3] 既保证了党管干部原则的有效落实，又很好地反映了董事会依法选任经理层人员的要求。2013年年底，集团公司董事会授权二级公司经理层进行选聘、考核、薪酬以及部分投资决策。[4]

---

[1] 严学锋：《新兴际华：善治而为 争先新国企》，《董事会》2020年第3期。

[2] 《国有企业职业经理人制度手册》，2018-08-18［2022-07-18］，https://wenku.baidu.com/view/a8b6665f82c4bb4cf7ec4afe04a1b0717fd5b3d4.html。

[3] 严学锋：《新兴际华：善治而为 争先新国企》，《董事会》2020年第3期。

[4] 新兴际华：《严格契约化管理》，《上海国资》2015年第10期。

（2）开拓职业经理人选用渠道，创新职业经理人管理方式

关于职业经理人选人用人的来源，一方面，要加强市场化改革，建立市场化的选人用人机制；另一方面，要畅通企业内部经营管理者向职业经理人身份转换的通道，促进更多的经理层成员转化为职业经理人，签订职业经理人聘用合同，明确权利、责任和利益，构建契约化管理机制[1]。推动实现具有竞争力、执行力、创新力的职业经理人团队。同时对于职业经理人的管理也要积极进行创新。坚持任期制与契约制相结合，推行市场化改革，全面实行市场化选聘、契约化管理，促进权利、责任、利益的平等统一。此外还要注重完善退出机制，与业绩考核评价相结合，实现经理人"能进能出"。

（3）精心设计好程序制度

程序制度的合法合规是职业经理人制度建设的重要前提。职业经理人制度的关键起点便是实现职业经理人身份市场化。一方面，建立公开遴选、公开选聘、竞争上岗、委托第三方机构招聘等一系列规范的流程；另一方面，重建员工与企业之间长期形成的牢固"心理契约"，从理论层面和实践层面打破员工与企业之间传统的依赖关系，彻底改变国企职工"生老病死"都由企业承担的问题，推动员工与企业的关系由复杂转变为简单。

（4）规范企业法人治理结构，优化公司治理机制

职业经理人制度的建立是现代企业制度的体现，因此在现代企业制度的要求下，应不断完善企业法人治理结构，规范企业股东会、董事会、监事会和经理层的权利和责任，明晰各自的权力和责任界限，促进权力机构、决策机构、监督机构和企业管理者之间制衡机制的形成，加强子公司及下属单位董事会的授权，逐步提高二、三级公司董事会在选聘、薪酬、考核职

---

[1] 新兴际华：《严格契约化管理》，《上海国资》2015年第10期。

业经理人等方面的自主权。同时，要积极探索如何将党组织嵌入公司治理结构，在企业党组织、董事会、监事会和企业经营管理之间形成协调运作、高效制衡的治理关系。

（五）深投控推行职业经理人制度的改革探索

随着国企改革的不断深入，深圳市投资控股有限公司（以下简称"深投控"）以开展"双百行动"为契机，大力实施全面改革和市场化改革，积极稳妥推进职业经理人制度建设，真正发挥国有企业对经济社会发展的支撑和引领作用，进行了大胆探索、先行先试，在推行职业经理人制度的过程中取得积极进展。

1. 基本情况

深投控成立于2004年，是一家专注于科技金融、科技园区、科技产业为主业的国有资本投资公司。[1] 深投控注册资本280.09亿元，拥有全资及控股企业41家，其中上市公司13家。2020年深投控成为首家跻身《财富》世界500强的深圳市属国企，2021年在《财富》世界500强排名中上升46位，列第396位。[2]

2. 主要做法

深投控自2018年入选国家国企改革"双百行动"以来，大胆探索、锐意创新，不断深化劳动、人事、分配三项制度改革，

---

[1]《粤港澳大湾区21家入榜：从7到21 解码世界500强上榜湾区企业造富史》，2020-08-10［2022-07-18］，http://finance.sina.com.cn/china/dfjj/2020-08-10/doc-iivhvpwy0284164.shtml。

[2] 李锦：《从深圳重组谈国企不能放弃市场竞争》，2021-06-04［2022-07-24］，https://new.qq.com/rain/a/20210604A0BSET00。

2020年在"双百行动"三项制度改革评估中被评为A级企业，并获得国家表彰、宣传推广。

（1）全面深化市场化改革，推行市场化选聘制度

在市场化人才选用方面，深投控在全球范围内选聘副总经理，吸引了近200名国内外行业精英参与竞聘；[1] 截至2020年12月，深投控实现了对11家商业类企业经理层的市场化选聘；深投控通过市场化选聘，引入国际化专业人才的做法，使现有经营管理团队中已有70%的经理层成员实现了任期制和契约化管理。

深投控在劳动合同管理的基础上，形成了以岗位管理为基础的市场化用工管理体系，完善了公开、平等、竞争、择优的市场化招聘机制，推行全员市场化、公开招聘、各级经理层成员竞争上岗、末位淘汰、岗位调整等一系列制度。凭借将市场化引入企业内部，截至2020年，深投控实现公开招聘比例、全员绩效考核全覆盖，员工市场化退出率达到30%。[2]

（2）董事会授权市场化选聘的经理层人员

深投控董事会增加了对执行委员会和管理层的授权。[3] 设立董事会执行委员会，作为董事会常设机构，对10亿元以下的项目进行投资决策，进一步提高董事会的决策水平和效率。[4] 建立

---

[1] 《国企改革"双百行动"取得重大进展　优秀案例引领示范纵深推进》，2020 - 12 - 10 ［2022 - 07 - 18］，https://www.sohu.com/a/437661034_100082376。

[2] 《投控公司、深圳国际入选国家"双百行动"三项制度改革评估A级企业》，2020 - 12 - 31 ［2022 - 07 - 20］，http://gzw.sz.gov.cn/ztzl/gzgqztzl/szssgzgqshzrzl/shgg/content/post_8388796.html。

[3] 《奋进十六年　深投控打造国企改革新样本》，2020 - 07 - 08 ［2022 - 07 - 20］，https://www.163.com/dy/article/FH0RFDVM0550037C.html。

[4] 《投资类双百企业：授权放权　形成事业共同体》，2020 - 10 - 10 ［2022 - 07 - 18］，http://www.sasac.gov.cn/n2588025/n4423279/n4517386/n15645543/c15647677/content.html。

管理层授权的标准化管理体系。董事会在投资、产权变动、资本运作、借款、担保等10个方面大大提高了管理人员的决策权限，充分保障了他们的决策自主权，使经营管理团队有权用、有干劲、有保障。①

（3）健全市场化激励约束机制

深投控坚持业绩与薪酬"双对标"，董事会应当严格考核总部及所属企业经理层成员的经营业绩，并按照优秀、良好、合格强制差异化排序，经理层成员之间薪酬差距最多超过30%；"一类一策"推动所属企业建立增量分享、项目跟投等激励约束机制，园区类企业建立以完成重大项目为目标的激励约束机制，上市公司限制性股票等激励机制。② 充分激发全员干事创业潜能。③

3. 主要成效

（1）推进市场化选人用人机制取得成效

深投控在职业经理人制度建设的过程中，以点带面地在全公司范围内推动商业类企业经理层成员实现市场化选聘、契约化管理，通过市场化改革，在全球范围内选聘优秀人才，尤其是专业投资、资本运营方面的管理人才，极大地提升了公司的

---

① 《国企改革"双百行动"取得重大进展 优秀案例引领示范纵深推进》，2020 - 12 - 10 ［2022 - 07 - 18］，https://www.sohu.com/a/437661034_100082376。

② 《国企改革"双百行动"取得重大进展 优秀案例引领示范纵深推进》，2020 - 12 - 10 ［2022 - 07 - 18］，https://www.sohu.com/a/437661034_100082376；《奋进十六年 深投控打造国企改革新样本》，2020 - 07 - 08 ［2022 - 07 - 20］，https://www.163.com/dy/article/FH0RFDVM0550037C.html。

③ 《投控公司、深圳国际入选国家"双百行动" 三项制度改革评估A级企业》，2020 - 12 - 31 ［2022 - 07 - 30］，http://gzw.sz.gov.cn/ztzl/gzgqztzl/szssgzgqshzrzl/shgg/content/post_8388796.html。

业务能力和发展水平。2020 年深投控已完成对 11 家所属商业类企业经理层成员的市场化选聘、契约化管理。

（2）通过"人才强企"战略，激发企业活力

深投控始终坚持党管干部原则，在市场化选拔任用过程中实施"人才强企"战略，以世界一流企业为标杆，选聘任用好干部人才。在全球范围内招聘公司总部的副总经理职位，并实行任期制与契约化管理。最具代表性的是所属企业国任保险，通过市场化选聘，国任保险在一年内实现净利润从 1531 万元到 6202 万元的增长，增长三倍。[1]

（3）将党组织融入公司治理的各环节

深投控倡导"卓越党建"，在党管干部的原则下，始终把党的领导融入公司治理各环节，把党组织嵌入公司治理结构中，把党的建设写入公司章程中，从而实现企业重大事项"先党内后提交"的决策过程。[2] 公司党委坚持算大账、长远账、政治账，党建工作紧跟企业发展，不仅重视自身党建，而且不断将党建延伸到园区的楼宇，以国有企业党建带动非公有制企业党建，促进民营企业发展。在 51 个园区广泛建立党组织，配备专职干部；成立深圳湾创业广场党委，实施"党建孵化 + 产业孵化"模式，整合包含企业、人才等在内的 55 项服务资源，推动深圳湾园区吸引 1000 余家企业和 1035 个孵化项目。如今，"跟党一起创业"的理念已经深入人心，形成了党建与企业发展共存、相互促进的良好局面。

（4）改革授权体制，创新法人治理机制

深投控积极改革授权体制，为加快从"管企业"向"管资本"的转变，公司董事会向总经理在包括投资、产权变动、担

---

[1] 何泳、蔡彦斌：《全国先进基层党组织深投控党委：坚持党的领导跟党一起创业》，《深圳特区报》2021 年 7 月 2 日第 A18 版。

[2] 何泳、蔡彦斌：《全国先进基层党组织深投控党委：坚持党的领导跟党一起创业》，《深圳特区报》2021 年 7 月 2 日第 A18 版。

保、借款等10个方面授权。同时，确立建立高效董事会的目标，成立董事会执行委员会，创新公司法人治理机制。其中，董事会以外部董事为主，合理配置内部董事、专职外部董事和兼职外部董事；[1] 构建纪检监察、监事会、财务总监、审计、内部控制和风险控制协同联动的"六位一体"监督体系，实现了党内监督和公司治理监督有机融合。[2]

（5）创新激励约束机制

一方面，深投控根据前、中、后台岗位价值确定公司总部薪酬水平，构建"前台部门重奖重罚、中后台部门稳定保障"的激励机制；[3] 引导下属企业推进增量共享、控制重大项目节点、限制性股票、项目后续投资、管理和核心骨干建立股权等长期激励约束机制。[4] 另一方面，为进一步创新激励约束机制，企业总部还探索性地建立限制性股票等调动企业全员积极性，激发企业活力的激励约束机制。

4. 面临的困难

（1）监督反馈制度执行不到位

在推行市场化改革、建立职业经理人制度的过程中，深投

---

[1] 金琳：《深投控：创新国资运营"深圳模式"》，《上海国资》2020年第3期；《深圳市区域性国资国企综合改革试验实施方案》，2019-09-26［2022-07-18］，http://www.szlhq.gov.cn/bmxxgk/gyzcjdglj_173525/zcfg_173531/zcwj_173532/content/post_6966254.html。

[2] 《国企改革正当时！深投控的创新"启示录"！》，2020-06-18［2022-07-18］，https://www.sohu.com/a/402751901_683703。

[3] 《深投控副总经理刘征宇：聚合资源、培育产业、服务城市》，2019-08-30［2022-07-18］，https://www.sohu.com/a/337686471_481760。

[4] 金琳：《深投控：创新国资运营"深圳模式"》，《上海国资》2020年第3期；《国企改革正当时！深投控的创新"启示录"！》，2020-06-18［2022-07-18］，https://www.sohu.com/a/402751901_683703。

控虽在经理层面实施市场化选任制度，建立了市场化的职业经理人绩效评估体系，然而，在人员选聘、绩效考核等具体实施过程中，考核人员与被考核人员态度并不严谨、不认真，选聘和考核工作还存在流于形式的诸多不足。相关部门的参评人在思想上的重视程度不够，导致考核结果不真实、试用期考核只是走形式等一系列严重后果。企业内部还未全员树立起"能上能下"的风气，员工还处于领导者的"威慑"之下，不敢表达自己的观点，提出自己的意见。

（2）体制建立欠缺完善

在市场经济发展和各项有关职业经理人政策制度出台的背景下，深投控在企业内部推行市场化改革，建立职业经理人制度，然而，职业经理人制度在我国的发展尚处于起步阶段，还面临着诸多不可避免的问题。职业经理人市场尚待完善、缺乏可信度高的评价体系、职业经理人的资格认证等一系列问题，阻碍了深投控将其职业经理人需求与市场人才相对接。此外，深投控目前对于公司内部经理层成员的身份分类和界定还不明晰，经营领导班子在观念上还不能建立"职业化"的概念。这些都从多方面阻碍了深投控职业经理人制度的发展和完善。

（3）尚未设计形成合理的职业经理人退出机制

在深投控关于职业经理人退出的相关文件中，仅指明了退出条件，即将业绩考核结果作为判断的唯一标准，未达到考核标准的职业经理人则实施解聘。还未真正形成职业经理人的市场化退出。深投控在设计市场化退出机制的过程中要注重建立经理层管理人员身份市场化、劳动关系市场化的理念，并关注社会机构在企业内部管理者转变为职业经理人过程中的作用。

5. 改革启示

一是加强人才队伍建设，注重领导干部培养。企业在建立职业经理人制度的过程中要充分发挥人才队伍作为企业核心资本的力量。企业要结合自身情况，针对实际存在的问题开展市场化选聘，在坚持党管干部原则与市场相结合的前提下，进一步完善公司治理结构，通过差异化薪酬、市场化退出机制真正激发企业活力和经理层干部的激情和首创精神，促进企业加强高素质领导人员后备人才队伍的建设。

二是深化经理层成员薪酬制度改革。贯彻落实国家薪酬制度改革精神，深化企业领导干部薪酬制度改革，使企业主要负责人的绩效考核适应企业的职能性质，实行"一类一策"，考核精准，并注重物质奖励与精神激励相结合，调动员工的积极性和创业精神。[1] 建立企业短期经营目标与长期规划相协调的差异化薪酬管理办法，使经济效益决定薪酬，个人业绩与团队目标相统一，充分发挥各级领导成员的创造力和主动性。

三是全面建立长效激励约束机制。探索符合市场经济要求、符合公司战略目标，与短中长激励相结合、多元化、复合化的长期激励约束机制，为企业聚集骨干力量，释放人才红利。[2] 可运用多种长效激励方式，例如股票期权、超额利润分享、中长期业绩奖金、项目跟投、EVA（经济增加值）分享等。[3] 实行市场行业双对标，兼顾公司发展战略与短期经营绩效，增加长期价值创造，促进企业成长和可持续发展能力的提升。在绩效评估考核方面，设置更具挑战性、前瞻性的绩效目标。建立利益

---

[1] 《深圳市区域性国资国企综合改革试验实施方案》，2019-09-26［2022-07-18］，http://www.szlhq.gov.cn/bmxxgk/gyzcjdglj_173525/zcfg_173531/zcwj_173532/content/post_6966254.html。

[2] 《深圳市区域性国资国企综合改革试验实施方案》，2019-09-26［2022-07-18］，http://www.szlhq.gov.cn/bmxxgk/gyzcjdglj_173525/zcfg_173531/zcwj_173532/content/post_6966254.html。

[3] 《深圳市区域性国资国企综合改革试验实施方案》，2019-09-26［2022-07-18］，http://www.szlhq.gov.cn/bmxxgk/gyzcjdglj_173525/zcfg_173531/zcwj_173532/content/post_6966254.html。

共享、风险共担、奖罚分明的价值创造机制。

四是将党管干部融入职业经理人制度建设的过程中。实现党管干部与职业经理人制度构建的全面对接，明确党组织参与的具体环节及参与方式，在市场化选人用人的过程中充分发挥党组织的作用。主要包括以下三方面：一是党组织享有重大人事任免权，对选用人才严格把关；二是在培养人方面发挥监督作用；三是发挥在育人中的积极作用。通过对职业经理人进行政治教育，学习先进思想及各项方针政策，增强职业经理人的政治素养和大局观念。

（六）河南能源推行职业经理人制度的改革探索

河南能源化工集团（以下简称"河南能源"）作为河南省省属第一大国有企业，积极响应关于深化国有企业改革的部署要求，推行市场化改革，深化企业治理结构改革，推动职业经理人制度建设。

1. 基本情况

河南能源是经河南省委、省政府批准，分别于 2008 年 12 月、2013 年 9 月两次战略重组成立的一家国有独资大型能源化工集团，[①] 产业主要涉及能源、高端化工、现代物贸、金融服务、智能制造和合金新材料等，主要分布在河南、新疆、青海、贵州、内蒙古、陕西等省（区市）。截至 2019 年 12 月，河南能源资产总额突破 2800 亿元、员工 17.9 万人，拥有产能 8000 多万吨、化工产品产能合计 1000 万吨，拥有大有能源、九天化

[①] 陈凤丽：《河南能源构建智慧财务体系的实践》，《财务与会计》2021 年第 14 期。

工、濮阳绿宇泡绵3家上市公司。① 集团位居2019年《财富》世界500强第484位、中国企业500强第119位、中国石油和化工企业500强第7位、中国煤炭企业50强第11位。

2. 主要做法

(1) 经理人身份市场化

河南能源在河南省委省政府领导下，结合自身板块多、摊子大、区域广的多样性特征，坚持自上而下、先局部后整体在集团内部及其下属企业中开展市场化改革，推行职业经理人制度，河南能源党委和董事会制定下发《河南能源化工集团二级单位经理层成员任期制及契约化管理办法（试行）》《河南能源化工集团二级单位经理层成员任职程序》，并在其中明确规定"经理层成员由各单位党委会研究后推荐董事会，董事会按程序进行聘任，聘期三年"。② 自2019年起，河南能源新疆投资控股有限公司、开封空分集团有限责任公司以年薪70万—100万元人民币（税前）市场化选聘总经理、开封龙宇化工有限公司以年薪40万—60万元人民币（税前）市场化选聘总经理，河南永煤碳纤维有限公司以年薪50万—100万元人民币（税前）市场化选聘销售副总经理1名，河南能源将市场化引入集团内部并开展全集团范围内的职业经理人市场化选聘。河南能源积极在集团总部及其下属企业开展市场化选聘职业经理人试点，并对选聘的经理人实施市场化薪酬。

(2) 经理人管理契约化

在对职业经理人的契约化管理方面，河南能源制定并下发

---

① 《河南能源新疆公司招聘启事》，2019-02-12［2022-07-18］，https://m.sohu.com/a/294346854_120065468。

② 栾姗：《推进任期制和契约化管理 探索建立职业经理人制度》，《河南日报》2019年9月24日第28版。

多项文件及管理规定，包括《河南能源化工集团二级单位经理层成员任期制及契约化管理办法（试行）》《河南能源化工集团二级单位经理层成员任职程序》等文件，并在其中明确规定"今后河南能源所属二级单位新提任的经理层成员实行任期制，逐步推行二级单位经理层成员与职业经理人身份转换，实行契约化管理""经理层成员由各单位党委会研究后推荐董事会，董事会按程序进行聘任，聘期三年""任期届满，绩效评价结果'称职'以上等次的均按照既定程序续聘，'不称职'等次的予以解聘并降级使用"，等等。①

比如河南能源在有关煤炭业务方面，深化改革，在第一批改革中推行十项举措，同时注重对干部人员的授权管理，公司党组织对煤矿正职管理人员备案，而其他管理干部的任免权则全部授权给煤业公司。煤业公司通过实施竞聘制、契约化、任期制、岗薪制、末位淘汰等管理制度对生产经营矿井班子及中层管理人员进行管理。通过对经理人员的契约化管理，截至2020年，河南能源已对超过1400名经理人实行契约化任期制，并依据签订的聘用合同和业绩合同进行管理，实现管理集团经理层人员216人，所属六个煤业公司班子成员100%实现契约化管理。②

（3）经理人薪酬差异化

河南能源通过召开三级单位经理层成员任期制和契约化管理咨询座谈会，并发布《关于在三级矿（厂）推行经营管理人员任期制和契约化管理的通知》，要求所属各企业推行市场化改革，建立以市场导向的选聘流程和激励约束机制，职业经理人

---

① 栾姗：《推进任期制和契约化管理 探索建立职业经理人制度》，《河南日报》2019年9月24日第28版。

② 《河南能源打破了"铁饭碗" 全面推行任期制》，2020-11-03［2022-07-19］，http://henan.china.com.cn/2020-11/03/content_41346335.htm。

应当以市场为导向的标准负责企业的经营管理,其薪酬按照市场化原则确定。① 其中,企业董事会根据聘用岗位的实际情况和契约指标体系自主确定薪酬标准,支付企业同一岗位标准工资的1.2至1.5倍。薪酬制度与契约管理指标完成情况挂钩,约定当年绩效工资的60%在下一年审批通过后提前发放,其余40%作为递延部分,在任期结束后根据契约指标总体完成情况通算。而任期激励则根据任期绩效评价结果和专项目标完成情况,分别按照本人年度基本薪酬的50%、20%给予一次性奖励。②

河南能源实行差异化薪酬管理以来,改变了原来集团二三级单位领导班子的"铁饭碗"现象,③ 促使领导干部在不改变原有职务的基础上,将其身份改变为"合同工",成为全凭业绩说话的职业经理人。

(4) 经理人退出市场化

河南能源在考核结果的应用上,坚持刚性兑付。实行考核结果与薪酬、选聘紧密挂钩的管理模式。契约期满,经考核合格的可以按照聘用程序续签合同,考核不合格的则解除合同,由原单位负责安置。④

---

① 栾姗:《推进任期制和契约化管理 探索建立职业经理人制度》,《河南日报》2019年9月24日第28版。
② 《东方电气、河南能源任期制与契约化实操,改革举措及路径》,2021-01-27[2022-07-19],https://www.sohu.com/a/446945511_809226。
③ 《河南能源打破了"铁饭碗" 全面推行任期制》,2020-11-03[2022-07-19],http://henan.china.com.cn/2020-11/03/content_41346335.htm。
④ 《东方电气、河南能源任期制与契约化实操,改革举措及路径》,2021-01-27[2022-07-19],https://www.sohu.com/a/446945511_809226。

3. 主要成效

（1）积极探索职业经理人制度建设

在全面深化国企改革的背景下，河南能源积极探索建立"市场化选聘、契约化管理、差异化薪酬和市场化退出"的职业经理人制度，在企业内部推行市场化改革，构建市场经济体制下的选人用人机制，促进企业活力的释放。

河南能源分别对负责的义煤公司、鹤煤公司、新疆公司、煤气化公司、国龙置业、国龙商务公司、中原大化公司、龙宇煤化工公司八家单位内部竞聘的经理人进行任期制与契约化管理，11名新聘任的管理人员签署任命书和业绩目标责任书、工资和待遇给付标准书；研究印发了《三门峡戴卡轮毂制造有限公司权力清单、责任清单和负面清单》《河南能源化工集团供应链有限公司权力清单、责任清单和负面清单》，进一步下放权力，提高效率、扭亏为盈、攻坚克难，率先开展改革试点。①

（2）完善法人治理结构

根据《公司法》和《公司章程》，河南能源完善了"三会一层"法人治理结构，并配备董事、监事和高管人员，制定并完善了股东大会议事规则、董事会、监事会议事规则和总经理规章制度，规范公司治理结构。

众泰煤焦化位于新疆维吾尔自治区拜城县，是河南能源在新疆整合的焦化企业，混合所有制改革后，国有股份占60%，民营股份占40%。企业完善了法人治理结构，合理界定了股东会、董事会、经理层和监事会的职责范围，改变了过去行政化的体制背景下各级请示审批流程，董事会可以根据市场形势分

---

① 栾姗：《推进任期制和契约化管理 探索建立职业经理人制度》，《河南日报》2019年9月24日第28版。

析和企业目标实现的需要,按照流程快速做出科学决策,从而实现正常的生产经营决策。

(3) 实行市场化选聘和契约化管理机制

河南能源通过市场化改革,推行市场化选人用人、差异化薪酬管理体系,实行职业经理人制度,为企业积累专业人才,完善董事会对经理层成员的任期制考核机制,[1] 激发了职业经理人的主动性、积极性和创造性。

河南能源实施职业经理人制度以来,取得了显著的改革成效。河南能源所属22家二级单位已与223家生产经营单位签订契约化协议,明确工作目标,规范权责界限,逐步全面实现契约化管理。此外,义煤新义矿、焦煤古汉山矿等6家煤矿推行任期制和契约化管理后,煤炭产量等指标较上年同期显著增加,5家煤矿亏损减少、1家实现盈利。"双百企业"三门峡戴卡轮毂等8家单位已完成职业经理人的市场化选聘。[2]

此外,2019年以来,河南能源积极全面推进二级单位经理层任期制和契约化管理。截至2020年9月初,全集团上下实行任期制契约化管理的经营管理人员共计973人,其中,集团层面130人。[3]

通过积极探索实践河南省政府国资委从管企业向管资本的重点职能转变,为河南省企业推行职业经理人制度创造了更好的外部环境。

---

[1] 王丹阳:《从"河南能源"案例看国有企业混合所有制改革路径》,《商业文化》2021年第6期。

[2] 《河南能源打破了"铁饭碗" 全面推行任期制》,2020-11-03 [2022-07-19],http://henan.china.com.cn/2020-11/03/content_41346335.htm。

[3] 《东方电气、河南能源任期制与契约化实操,改革举措及路径》,2021-01-27 [2022-07-19],https://www.sohu.com/a/446945511_809226。

4. 面临的困难

一是政府简政放权程度需要进一步提高。相比民营企业，河南能源作为河南省省属第一大国有企业，承载着国家对调节经济的职能，导致在实际的经营管理过程中受到较多约束，集团更多地关注于 GDP 的增长，这导致不利于职业经理人制度建设的推广和完善。

二是集团的市场化选聘程度还有待提高。虽然河南能源产业板块多、涉及众多地区，但生产型企业的矿山、工厂、车间多，普遍市场化程度不高，员工缺少市场化意识，领导层的"干部"意识较强，对市场化改革、市场化选人用人的意识、接受和认可程度较低，不愿意积极响应市场化选聘工作。①

三是选人用人视野还需进一步加大。河南能源由于体制机制的限制，现有市场化选聘的岗位、职级较为有限，选聘视野不够开阔，岗位界限没有真正打开，对选聘人员的管理干预过多、管理过严。②

5. 改革启示

（1）提高整体市场化选聘程度

一是要树立正确的选聘导向。始终坚持德才兼备、以德为先的选聘标准，做好对选聘的职业经理人"德"的考量；始终坚持从五湖四海选聘职业经理人，拓宽职业经理人的选拔任用渠道，③ 确保职业经理人选拔聘用的风清气正。二是要注重实际

---

① 栾姗：《推进任期制和契约化管理　探索建立职业经理人制度》，《河南日报》2019 年 9 月 24 日第 28 版。
② 栾姗：《推进任期制和契约化管理　探索建立职业经理人制度》，《河南日报》2019 年 9 月 24 日第 28 版。
③ 裴红姣：《河南能源化工集团改革转型发展研究》，《煤炭经济研究》2018 年第 12 期。

绩效，聘用的经理人注重岗位技能和经验的多样性。三是推动制度流程规范化。市场化选聘要严格执行相关程序，规范各项规章制度，确保选拔和聘用过程的公平性。按照"党组织推荐—董事会选择—市场化选聘—契约化管理"的程序和原则，推动企业真正实现职业经理人的市场化选聘，并营造良好的、更为宽松的企业环境推动职业经理人的建立和发展。切实在企业建立起市场化选聘职业经理人的有效方法，为职业经理人制度的建立和发展营造更为宽松灵活的企业环境。

（2）建立内部培养和外部引进并重的选聘模式

一是重视内部人才培养，通过"去行政化"，将现有企业管理者身份转化为职业经理人。[①] 二是坚持外部多渠道引进人才。引入素质高、业务能力强、能带动较强社会效益和经济效益的职业经理人。三是健全市场化选聘机制。职业经理人选拔任用应当按照市场规律进行，董事会应当以市场化为导向选择和管理职业经理人，合理增加职业经理人的数量及市场化招聘比例。[②] 四是建立职业经理人人事档案管理，加强职业经理人选聘过程中的廉洁从业和个人信用审查。

（3）进一步完善相关配套制度

在建立健全职业经理人制度的过程中，除聘用环节外，还要建立和完善包括绩效考核、激励约束、市场化退出等相应的配套制度，有效约束职业经理人的行为，使职业经理人"能上能下""能进能出"，从而激发企业活力，促进企业发展。

[①] 谢剑军：《大型化工企业"12341"培训格局的构建——河南能源化工集团中原大化公司》，《河南化工》2015年第3期。

[②] 陈靖：《国有企业职业经理人制度建设的思考》，《集成电路应用》2017年第4期。

六　完善中国国有企业职业经理人制度的方向与模式

在中国国有企业推进职业经理人制度是一项系统性的制度创新，应依据历史轨迹和现实基础逐步推进，通过坚守宏观改革方向、遵循中观改革原则和推进微观改革模式，逐步形成具有中国特色的国有企业职业经理人制度体系。

（一）坚持宏观改革方向：党管干部原则与市场化改革相融合

国有企业兼具政治、经济和社会属性，国有企业职业经理人既要坚持党的领导及党管干部的原则，又要将加强党的领导与市场化发展统一起来，建设具有中国特色的现代职业经理人制度体系。

1. 坚持党管干部原则

坚持党管干部原则是职业经理人制度建设的重要原则，党组织不仅外在于国有企业起着监督作用，而且本身也作为国有企业治理结构的内生组成部分，发挥着内生的调节作用，不断推动国有企业治理结构的改善。

一方面，加强党领导下的职业经理人制度建设。坚持党的领导是中国特色社会主义最本质的特征，是国有企业的独特优势。坚持党管干部原则是前提，不能弱化、淡化或扭曲这一原则。一是坚持党的干部路线、方针、政策，落实党的干部标准，发挥提名人选、组织考察和政治把关的领导作用，保持市场化选聘工作的正确方向。二是将党组织传统干部工作纳入职业经理人管理中，在薪酬激励上，将组织决定与市场决定相结合；在考核管理上，将组织考核管理与契约管理相结合；在退出机制上，将组织调动与市场化配置相结合。三是发挥党的监督优势，综合运用党的巡视、纪检监察、监督、审计等监督资源，实现对职业经理人的全过程全方位监督，减少信息不对称，降低委托代理风险。

另一方面，加强对职业经理人政治素养的培养。政治素养是国有企业职业经理人最基础的要素。国有企业在国民经济中的地位和作用决定了国有企业的职业经理人需要讲政治，不断培养经理层既从经济视角又从政治角度思考问题的能力，强化政治忠诚度并提升政治能力。首先是国有企业的职业经理人要具有坚定的政治立场与政治信念。这要求他们一要始终坚持并全面理解贯彻党的基本路线、方针与政策，将党的路线方针政策、党中央重大决策部署等落实为国有企业的具体工作目标、任务和措施，牢固把握国有企业改革与发展的大方向；二要自觉维护国有企业党组织的领导地位，坚持党对企业的政治领导；三要增强政治辨别力与判断力，把握时代脉搏，正确分析国际国内形势。其次是国有企业的职业经理人要具有大局意识和责任意识。这要求他们一要以宽广的眼界审时度势，并以政治家的眼光权衡利弊与得失；二要正确处理整体利益与局部利益、长远利益和眼前利益的关系，同时谋求整体利益和长远利益；三要认知到国有企业承担的政治与社会责任，同时领导企业员工担负起国有企业在国民经济中的骨干与支柱作用。最后是要贯彻执行民主集中制原则。这要求国有企业职业经理人在具体的经营管理工作中贯彻落实民主集中制原则，注重疏通民主渠道，加强企业民主作风建设。

2. 坚持市场化改革方向

国有企业改革的其中一条主线便是走向市场化，国有企业职业经理人制度作为国有企业改革的一部分，要坚持市场化的改革方向。

一方面，坚持机制改革市场化原则。市场化的实质就是通过市场机制实现对优秀经营管理者这种稀缺资源的自动调节与合理配置。市场化包括但不限于：选拔市场化，流动市场化，评价市场化，激励约束市场化。选聘由市场充分选择，流动由市场力量推动，价值由市场进行评估，获得市场和出资人的认可，薪金通过市场交易实现，监督体系由市场构建。按照"市场化选聘、契约化管理、差异化薪酬、市场化退出"原则，职业经理人的选聘和管理做到结果由市场检验。

另一方面，坚持实质重于形式原则。"市场化进退""差异化薪酬""契约化管理"是每个开展职业经理人试点的企业都必须关注的重要因素。改革的重点不是将这些词汇写入方案，而是把握其中的本质。经理人既要转换身份，更要根据市场化的指标考核，严格履行契约化管理、差异化薪酬，将工作重点聚焦在经营业绩之上，并不断丰富强化自己的管理知识与管理经验，这样才是优秀的职业经理人。简言之，不能为了追求某种特定的形式进行改革，重点是明确改革的目的，以及为了达到目的所能采取的最适合的手段。

（二）遵循中观改革原则：分类、分层与分阶段相结合

国有企业职业经理人制度改革应该基于企业所处的行业、层级和阶段有先后、有主次并且有轻重地推行。

1. 遵循分类改革原则

与西方国有企业相比，我国国有企业数量众多，功能多样。2015年12月，国资委、财政部、国家发改委联合发布《关于国有企业功能界定与分类的指导意见》，将国有企业划分为商业类和公益类两类，其中，商业一类国有企业为主业处于充分竞争行业和领域的国有企业，商业二类国有企业为主业处于关系国家安全、国民经济命脉的重要行业和关键领域、主要承担重大专项任务的国有企业，公益类国有企业为以保障民生、服务社会、提供公共产品和服务为主要目标的国有企业，并就分类改革、分类发展、分类监管、分类考核提出了分类施策的改革方向。

鉴于我国国有企业发展现状以及商业二类国有企业、公益类国有企业的特殊性，国有企业绝大多数分布在商业类之中，从职业经理人推行的现实可行性角度出发，应优先在市场化程度较高、混改程度较高、股权相对多元化的商业一类国有企业中推行，待形成成熟经验后，可考虑向商业二类和公益类国有企业逐步推广（参见表6-1）。

表6-1　根据国企类别推进国有企业职业经理人制度

一级分类	二级分类	国有企业职业经理人制度推进原则	国有企业职业经理人制度推进方式
商业类	主业处于充分竞争行业和领域（商业一类）	试点推进	根据企业功能定位、发展目标、责任使命，兼顾行业特点和企业性质，对职业经理人执行差异化考核制度
	主业处于关系国家安全、国民经济命脉的重要行业和关键领域、主要承担重大专项任务（商业二类）	谨慎推进	

续表

一级分类	二级分类	国有企业职业经理人制度推进原则	国有企业职业经理人制度推进方式
公益类	—	暂不推进	重点考核职业经理人在成本控制、产品质量、服务水平和社会评价等方面的业绩成效

资料来源：作者整理。

2. 遵循分层推进原则

按照分层推进，先试点后推广，先子公司后集团公司的操作思路，由下至上、由点带面推进国有企业职业经理人制度。中央企业母公司层面，由于领导人员尚不具备推行职业经理人条件，暂时不考虑推进职业经理人制度，中央企业下属单位全面推进经理层任期制和契约化管理，积极推进职业经理人制度。地方国有企业可以选择在业务相对单一、人员相对较少、层级相对较低、经营相对闭环的省属企业项目公司、工程项目部等积极推进实施，为国有企业推行职业经理人制度积累经验（参见表6-2）。

表6-2　　　　根据国企层级推进国有企业职业经理人制度

国企分类	国企层级	业务复杂程度（复杂√，相对单一×）	人员数量（多√，相对较少×）	国有企业职业经理人制度
中央企业	母公司	√	√	暂不推进
	子公司	×	×	鼓励推进
	新设公司	×	×	积极推进
地方国企	母公司	√	√	鼓励推进
	子公司	×	×	鼓励推进
	新设公司	×	×	积极推进

资料来源：作者整理。

3. 遵循分阶段施策原则

根据企业发展与成长的动态轨迹，基于企业组织结构、规模扩张率和收入增长率等指标，企业发展阶段可以分为初创、成长、成熟、衰退四个阶段。处于不同发展阶段的企业，需要找到与其特点相适应并能不断促其发展延续的特定组织结构形式和经营管理者，使得企业可以从内部管理方面找到一个相对较优的模式来保持企业的发展能力，在每个生命周期内充分发挥特色优势，进而延长企业的生命周期，帮助企业实现自身的可持续发展。对于初创期的企业或者以阶段性任务为目标的企业，企业规模较小、业务相对简单，可积极推进职业经理人制度，将特殊贡献奖励作为职业经理人短期激励方式之一；对于已经进入平稳期或者规模正在收缩的企业，企业规模较大、业务相对复杂，利润实际上很难实现大的增长，可结合国有企业的分类和层级标准，鼓励推进职业经理人制度，对职业经理人的任期激励比股权激励更有效。

（三）推进微观改革模式：进一步完善"六化"主要环节

基于目前国有企业职业经理人制度改革存在的问题，应更有针对性地持续推进以"市场化选聘、契约化管理、差异化薪酬、体系化培训、市场化退出和流程化监管"为主要环节的改革模式。

1. 进一步完善市场化选聘

市场化选聘是实行国有企业职业经理人制度首要和关键的一步，没有市场化选聘，职业经理人制度就无从谈起。

第一，将党管干部原则与市场化选聘有机结合。在市场化选聘环节，既要坚持党管干部、党管人才原则，又要发挥市场机制作用。一是形成党委和"三会一层"协调运转的公司治理机制。将企业党组织内嵌到公司法人治理结构之中，确立其法定地位，从"三会一层"（股东会、董事会、监事会和经理层）拓展为"四会一层"（党委会、股东会、董事会、监事会和经理层），建立董事会、经理团队、党委会有效协同、高效运行的机制。二是落实董事会作为市场化选聘的主体。国有企业探索向其董事会授权，赋予其在市场化选聘方面更大的自主权，逐渐在企业内转变思想观念，营造出市场化选聘氛围，建立契约精神文化。明确董事会为市场化选聘职业经理人的主体，充分发挥党组织在确定选人标准、规范选拔程序、参与考察、推荐人选等方面的把关作用。三是规范履行职业经理人选聘程序。坚持党管干部原则与董事会依法选择经营管理者以及经营管理者依法行使用人权相结合，可由董事会提名委员会确定候选人名单，企业党组织考察上报并得到上级同意后，反馈给董事会提名委员会，并由董事会正式提出名单，最后由董事会采取适当形式选拔职业经理人，严格执行民主推荐和考察、外部引进人才的背景调查、干部选拔"四凡四必"等程序，确保选人用人风清气正。

第二，明确国有企业职业经理人的选聘标准。国有企业是推进国家现代化、保障人民共同利益的重要经济支柱，国有企业的职业经理人不仅要履行使国有资本保值增值的经济责任，还要服务于国家战略和发展改革大局，在关键时刻、紧要关头承担相应的政治责任和社会责任。一是明确选聘国有企业职业经理人的基本条件。选拔那些政治立场坚定、致力于为国有资产保值增值做出贡献、具有社会责任感的职业经理人，探索符合中国国有企业实际的职业经理人选聘基本条件。国有企业职业经理人应具有坚定的政治立场、忠实代表和维护国家利益，始终坚持并全面理解贯彻党中央和国务院的基本路线、方针与政策；致力于实现国有资产保值增值的改革目标，提高国有经济竞争力，放大国有资本功能；具有强烈的社会责任感，能够担负起引领国有企业在国民经济中骨干与支柱作用的责任。二是强调选聘国有企业职业经理人的特有条件。职业经理人的职责是合理利用企业的资源，帮助企业获取最大的利润，从而推动企业不断发展前进。专业的管理能力和良好的职业境界对于国有企业职业经理人至关重要，应择优选拔驾驭能力强、熟悉业务的经营管理人才。三是突出选聘国有企业职业经理人的多维条件。根据企业所处行业发展态势、企业战略规划及不同企业高管素质能力要求，从职业操守、职业能力、业绩表现等维度，分企业、分岗位、差异化设定职业经理人资格条件，突出对国有企业职业经理人领导力、国际影响力、带动力等方面的要求。

第三，灵活扩大国有企业职业经理人选聘渠道。市场化选聘应坚持任人唯贤的原则，灵活使用内部提拔、公开招聘、委托推荐等选聘渠道，挖掘培养内部人才与直接引进外部人才双管齐下，通过公开竞聘、竞争上岗，激发队伍活力和动力。一是建立国有企业职业经理人人才池。以省份或者大型集团公司为单位建立人才池，通过联网联通的形式与央企、其他地方国有企业人才市场连接互通，促进各人才池之间的信息流动，打通人才流动通道，最终在全国范围内形成一个自由流动的职业经理人人才市场，打造职业经理人人才库，扩大职业经理人市场的容量和弹性。二是丰富选人方式，扩大选聘渠道。打破企业内外、级别高低、资历深浅限制，坚持五湖四海选贤任能，采取内部竞聘、公开招聘、市场选聘、股东引荐、猎头等第三方服务机构推荐等多种方式公开遴选。三是规范选聘流程，多元化设置选聘主体。精简有效地设置选聘流程：发布招聘公告—收取报名信息—开展资格审查—面试环节（笔试、面试）—履职谈判—组织考察—背景调查—提出人选意见—确定人选，企业可结合实际需要增设环节，同时及时向候选人反馈各环节面试结果，适时拒绝不符合条件或标准的候选人。选聘过程中，各个环节的评价主体尽量多元化，根据实际需要纳入董事会人员、党委人员、企业经营人员、外部专家、第三方机构等。

第四，提升内部领导人向职业经理人转化意愿。一是从个人角度，提升领导人员岗位适应力。持续推进职业经理人制度的宣导工作，促进领导人员加快理解职业经理人角色定位。通过适度给予领导人员干事压力，让他们在不断攻克难题的过程中树立信心，培养领导人员事业心。从领导团队能力、团队合作能力、塑造组织能力三方面系统培养领导人员领导力。二是从企业角度，加强组织支持力度。重点营造和谐文化氛围，健全权责清晰、有效制衡的公司法人治理结构，细化职业经理人制度操作要点，提升职业培训体系的有效性和针对性。三是从社会角度，完善职业经理人市场成熟度。建议成立国企职业经理人管理联盟，在制度层面建立权威的职业经理人信用管理体系和资质认证机制，加强企业外部监督和约束机制，有序扩大职业经理人市场规模。

2. 进一步完善契约化管理

第一，通过"三书两办法"形成契约化管理机制。"三书"，即《岗位聘用合同书》《年度经营业绩考核责任书》《任期经营业绩考核责任书》，旨在用契约化方式，规范董事会与职业经理人之间的权责关系，以固定任期和契约关系为基础，对职业经理人的任期、职责权限、年度和任期经营业绩考核指标、考核方式、薪酬兑现、退出机制等进行契约化约定。"两办法"，即《经营业绩考核办法》《薪酬管理办法》，旨在对经理层成员的责权利、经营目标、激励以及未能完成经营目标的退出机制等进行明确的规定。同时，建立科学的市场化绩效考核体系。在改革过程中通过《岗位聘用合同书》把薪酬基础水平约定好，通过《年度经营业绩考核责任书》分清年度责任，通过《任期经营业绩考核责任书》分清任期责任，通过《经营考核管理办法》和《薪酬管理办法》管好怎么算、怎么发。

第二，因时制宜完善对职业经理人的考核体系。逐步建立和完善党建考核、业绩考核和综合考核三位一体的经理人考核评价体系。一是增强党建责任考核。根据《关于在深化国企改革中坚持党的领导加强党的建设的若干意见》的要求，职业经理人作为受托人应严格落实国有企业党建工作责任制，党员职业经理人必须履行"一岗双责"，每年应要求其与公司党委签订《党建目标责任书》，从内在和外在标准评价党建情况。二是科学考核经营业绩。根据职业经理人的类别，区分正副职以及分工，分类设置任期考核内容。建立科学的任期考核评价标准，在现有年度考核的基础上，增加任期考核，引导职业经理人更加关注企业长期发展。尤其是对于创新性企业，原有考核指标也许难以适用，需要实践中进一步探索细化新的考评体系。三是探索综合评价考核。坚持市场对标，兼顾中长期和短期评价，实现综合评价工作的系统化和机制化。在考评目标上，从企业的战略目标中分解出职业经理人的关键业绩指标（KPI），与年度经营目标相结合，建立基于企业战略的职业经理人绩效考核与评价体系，形成有牵引、有激励、有约束力的长效考核机制；在内容上，探索运用平衡计分卡（BPC）的思想和方法，对职业经理人进行财务指标、客户指标、内部流程以及员工学习与成长等非财务指标的全面考核；在指标设计上，借鉴国际上最先进的实践经验，选择投资回报率、净利润、经济增加值、同行业 KPI 对比等组合式绩效指标，综合考核评价职业经理人；在考核评价主体的选择上，将考核评价的权利赋予企业董事会。

第三，根据契约履行情况决定职业经理人的去留。应由董事会决定国有企业职业经理人的任期和试用期，通过劳动合同、聘任合同与经营业绩责任书等契约形式对职业经理人实行严格的任期制，严格进行任期管理和目标考核，形成以业绩为导向的职业经理人综合考评制度。将任期与职业经理人的考核结果挂钩，每三年对职业经理人履职进行一次检视，对考核评价较好的职业经理人需重新进行聘任程序，加强历练、后续重点关注和培养使用；对考核评价不达标、不称职的职业经理人，采取市场化退出措施，解除聘任关系。

3. 进一步完善差异化薪酬

一方面，根据行业差异化薪酬，国有企业职业经理人的薪酬根据行业类型分类设计。在竞争性行业和商业类国有企业中，职业经理人的薪酬制度应采用完全市场化模式，基于行业内职业经理人市场的平均薪酬水平来参考确定职业经理人的薪酬水平，企业经理层的市场化选聘比例越高，其薪酬与业绩的相关度越高。这有助于避免部分商业类国有企业中管理层的薪酬水平因为不具有市场竞争力而导致的人才流失等问题。在自然垄断行业和公益类国有企业中，职业经理人薪酬制度可以基于具体行业情况不断提高其市场化水平。避免在绩效激励的影响下，职业经理人被鼓励采用涨价或者降低质量的方式来提高绩效，从而损害由于这些行业的信息不对称而明显处于劣势地位的消费者的利益。

另一方面，拓宽和创新对职业经理人的激励渠道。一是强化业绩对标与薪酬对标结果运用。确保业绩考核与激励水平相匹配，强化对标考核结果运用，刚性兑付考核结果。通过"双对标"，引导经理人密切关注行业主要竞争者的发展水平与趋势，形成比学帮赶超、争创一流的竞争机制。二是适度引入股票期权等中长期激励机制。引入期权激励需要与真实的业绩约束相结合，制定股票期权的约束条件。同时，实施股票期权需要考虑行业特点，在高成长性、高风险行业中的企业实行股票期权的激励作用通常更为显著。三是探索项目风险抵押金制度。

为了实现职业经理人和企业的风险共担，企业可以要求执行项目的职业经理人缴纳风险抵押金，这部分抵押金可以率先从其薪酬中扣除。如果项目执行完毕，那么抵押金全数退回，否则依执行结果部分退回或者不退回。

4. 进一步完善体系化培训

一方面，灵活开展培训工作。明确日常培训主题、培训周期与时长，线上线下结合的方式灵活性开展。线下培训结合培训主题及培训时长，分批开展职业经理人培训工作；灵活采用移动学习平台，开展多样化、自主化和便捷化的线上学习，强化职业经理人的思想理论武装、思想政治教育，全面提升政治素质。

另一方面，分类开展主题培训。做好职业经理人队伍建设顶层规划，针对行业领军人才、关键岗位人才、重点人才等不同定位，分类制订培训计划；针对不同培训主题开展专项培训，提升职业经理人的战略思维能力和科学决策等能力；针对年轻职业经理人队伍、女性职业经理人队伍建设等不同群体，根据发展需要，针对性、有效性开展培训。坚持自我培养与外部引进并重，培养一批满足企业发展需要的职业经理人队伍及后备干部队伍。

5. 进一步完善市场化退出

一方面，加深认识退出方式的多样性。一是提前退出。对于到龄退休和主动辞职的职业经理人，根据公司《劳动合同》相关要求，按规定程序办理离职手续。二是正常退出。对于考核不达标的职业经理人，应兑现职业经理人退出的程序化、规范化、制度化，以柔性化和人性化的实施方式保证职业经理人退出的良好成效。三是强制退出。针对发生违法乱纪行为触碰红线问责追究的职业经理人，应中止任期、免去现职，及时解聘，退出经理层岗位，不予发放相关待遇和激励。

另一方面，严格执行市场化退出。一是在签订聘任协议时，对触发退出条件的信息和关于经济补偿的约定要具体准确。二是有效落实董事会的职权。国企董事会的相关管理者应该及时完成对职业经理人的年度考核，当职业经理人触发离职条件的时候，需要及时反应、启动离职解聘程序。三是根据聘任协议履行约定的经济补偿，避免在职业经理人退出时出现争端。

6. 进一步完善流程化监管

第一，建立健全综合监督平台。充分发挥监事会作用，使其能够协调统合起纪检、审计、巡视等各个监督主体，形成监督合力，真正发挥应有的作用，将对职业经理人的内部约束落到实处。具体而言，建立"对有违法违纪、严重失信失职行为的职业经理人，在中央企业甚至各级国资委所监管企业范围内实行职业禁入，一定期间不允许担任企业中高级管理人员"的职业禁入制度，增加对重大决策过错、腐败渎职等的惩处力度与威慑力，体现责、权、利、险相一致的原则，约束职业经理人的行为，使其严格履行应尽的义务。

第二，加强职业经理人信用管理。依法依规做好职业经理人信用信息的采集，包括个人基本情况、职业素养、职业能力和行为规范。加强职业经理人人事档案管理，建立职业经理人信誉档案库，加大职业经理人引进和聘用前的信誉审查及档案审查力度，完善人事档案过程管理。建立并完善职业经理人市场的统一信用体系，采用定期更新职业经理人个人诚信档案、以往个人业绩以及履职负面清单等形式，将企业经营状况与职业经理人的未来职业生涯进行深度绑定，促使职业经理人为了自身的良好声誉与日后职业发展而采取有利于企业的长期导向行为。

第三，建立职业经理人容错机制。按照习近平总书记提出的"三个区分开来"要求，辩证看待职业经理人在推进企业改革创新中出现的失误和错误，客观公正地评估和定性，鼓励担当作为，允许试错，为负责者负责，为干事者撑腰，从制度上消除职业经理人的后顾之忧，最大限度地激发职业经理人干事创业的动力。

第四，优化职业经理人日常管理。因私出国（境）由企业党委审批，按照国家规定，制定职业经理人出国（境）审批规定，明确不予审批的情形，明确审批流程，确定常规审批周期。同时，利用信息化系统，审批流程线上化，实现可视化审批。人事档案方面，将人事档案脱离企业，纳入社会管理。职业经理人的劳动关系回归"社会化管理"，一旦选聘为职业经理人，其劳动关系马上回归社会化管理，实现真正的"身份市场化"。

第五，推动职业经理人制度法制化完善。将国有企业职业经理人制度所涉及的各个方面的问题加以规范化、规则化，通过成文立法为国有企业职业经理人制度的实施提供具体而明确的法律规则，使职业经理人制度做到"于法有据""有法可依"，从而为监管活动提供合法性依据。引入"商业判断规则"和"实质公平规则"，如果国企职业经理人已经尽到自身的注意义务，勤勉尽责地履行了自己应该履行的职责，就应当受到"商业判断规则"的保护。但对于职业经理人开展的与国企利益构成冲突的交易，必须运用"实质公平规则"进行审查。完善国企职业经理人法律责任追究的程序机制，在既有的监督机制之外引入特殊的派生诉讼机制，强调出资人可以在特定条件下启动对职业经理人的派生诉讼程序，避免实践中出现的"有责任不追究""重责任轻追究"现象。合理建构国企职业经理人的民事责任、行政责任、刑事责任规范体系，有效地约束国企职业经理人的行为，使得他们能够在法律法规的约束下最大限度地发挥能动性。

参考文献

一　著作类

《中国企业管理年鉴》编委会：《中国企业管理年鉴》，企业管理出版社 1990—2010 年版。

《中国企业年鉴》编委会：《中国企业年鉴》，企业管理出版社 2011—2017 年版。

常辉：《20 世纪西方大国资本主义国有经济研究》，人民出版社 2016 年版。

陈佳贵：《中国企业改革发展三十年》，中国财政经济出版社 2008 年版。

国企改革历程编写组：《国企改革历程 1978—2018（上下）》，中国经济出版社 2019 年版。

国务院国资委改革办：《国企改革探索与实践：地方国有企业 100 例（上下）》，中国经济出版社 2018 年版。

国务院国资委改革办：《国企改革探索与实践：中央企业子企业 150 例（上下）》，中国经济出版社 2018 年版。

国务院国资委改革办：《国企改革探索与实践：中央企业子企业 15 例》，中国经济出版社 2018 年版。

亨利·明茨伯格：《经理工作的性质》，中国社会科学出版社 1986 年版。

刘中桥：《中西方国有企业发展比较》，经济科学出版社 2000 年版。

宁向东：《国有企业改革与董事会建设》，中国发展出版社2012年版。

热拉尔·罗兰主编：《私有化：成功与失败》，张宏胜等译，中国人民大学出版社2011年版。

萨伊：《政治经济学概论》，商务印书馆1963年版。

邵宁主编：《国有企业改革实录（1998—2008）》，经济科学出版社2014年版。

辛迪诚：《中国国有企业改革编年史（1978—2005）》，中国工人出版社2006年版。

杨洁勉：《战后西欧的国有经济》，上海外语教育出版社1988年版。

杨瑞龙：《国有企业治理结构创新的经济学分析》，中国人民大学出版社2001年版。

岳清唐：《中国国有企业改革发展史（1978—2018）》，社会科学文献出版社2018年版。

中共中央党史和文献研究院：《改革开放四十年大事记》，人民出版社2018年版。

中共中央文献研究室：《改革开放三十年大事记》，中央文献出版社2009年版。

仲继银：《董事会与公司治理》，中国发展出版社2014年版。

二 期刊类

白彦平：《国有企业负责人薪酬制度存在的问题与改革策略研究》，《领导科学》2019年第4期。

陈禹静：《国有企业内部的职业经理人培养和转型研究》，《经济与社会发展》2021年第3期。

董长青、石群、陶晓龙：《党建引领下的国企职业经理人制度建设探索与思考——以华能资本服务有限公司为例》，《国资报告》2020年第5期。

韩书臣、张学斌：《国有企业推行职业经理人制度的实操经验总结与思考》，《中国人事科学》2021年第5期。

韩秀芳：《价值思维在国企市场化选聘人才中的实践与指导》，《人力资源管理》2014年第12期。

何瑛、杨琳：《改革开放以来国有企业混合所有制改革：历程、成效与展望》，《管理世界》2021年第7期。

黄群慧：《"十四五"时期全面深化国有企业改革的着力点》，《山东经济战略研究》2020年第10期。

黄群慧、余菁：《新时期的新思路：国有企业分类改革与治理》，《中国工业经济》2013年第11期。

黄群慧、张弛：《新发展阶段国有企业的核心使命与重大任务》，《支部建设》2021年第11期。

姜付秀、朱冰、王运通：《国有企业的经理激励契约更不看重绩效吗？》，《管理世界》2014年第9期。

金琳：《深投控：创新国资运营"深圳模式"》，《上海国资》2020年第3期。

李锡元、何劲强、伍林：《企业在职业经理人市场中的功能发挥与实施途径》，《学习与实践》2016年第1期。

李锡元、梁昊、徐镔、龚湛雪：《国有企业推行职业经理人制度的改革路径》，《学习与实践》2018年第6期。

李锡元、徐闯：《国企实施职业经理人制度的本质、核心和路径》，《江汉论坛》2015年第2期。

梁波、周秀园：《国有企业高管薪酬制度存在问题及对策研究》，《会计之友》2015年第15期。

林娄、楼迪、徐宽：《国有企业构建职业经理人制度研究》，《现代商贸工业》2021年第20期。

刘西友、韩金红：《上市公司薪酬委员会有效性与高管薪酬研究——基于"有效契约论"与"管理权力论"的比较分析》，《投资研究》2012年第6期。

刘燕：《浅谈价值思维在国企市场化选聘人才中的实践与指导》，《企业科技与发展》2019年第3期。

吕长江、赵宇恒：《国有企业管理者激励效应研究——基于管理者权力的解释》，《管理世界》2008年第11期。

吕峻：《股权性质、管理层激励和过度投资》，《经济管理》2019年第9期。

孟捷：《中国共产党与当代中国经济制度的变迁》，《东方学刊》2020年第1期。

欧阳袖：《培育世界一流企业背景下的人力资本创造机制》，《现代国企研究》2020年第6期。

石冠儒：《国有企业高层管理者激励机制论略》，《山东社会科学》2017年第3期。

石颖：《国有企业职业经理人差异化薪酬实践》，《中国人力资源社会保障》2022年第2期。

石颖、张慧、郝鑫泓：《完善国有企业职业经理人制度的对策建议》，《中国经贸导刊》2021年第17期。

王炳文：《从委托代理理论视角论继续深化国有企业改革》，《求实》2014年第6期。

王敏：《在国企建立职业经理人制度的思考：从身份到契约》，《现代管理科学》2017年第10期。

严卿：《国有企业职业经理人制度建设探析》，《现代商贸工业》2019年第12期。

严学锋：《新兴际华：善治而为 争先新国企》，《董事会》2020年第3期。

杨红英、寸守栋：《基于对价交易理论的国有企业职业经理人制度构建》，《学术探索》2015年第8期。

姚刚：《浅析国有企业推行职业经理人制度建设的若干问题》，《现代国企研究》2018年第8期。

张弛：《国有企业高管薪酬研究的理论探索》，《学习与探索》

2021年第5期。

张华磊、柴莹、陈琦：《中央企业引入职业经理人制度研究》，《中国人力资源开发》2016年第20期。

张敏、王成方、刘慧龙：《冗员负担与国有企业的高管激励》，《金融研究》2013年第5期。

赵树文：《国有企业职业经理人法律制度完善》，《社会科学家》2015年第7期。

周晶：《关于职业经理人制度建设的三点思考》，《国资报告》2019年第7期。

左蕊：《基于胜任力模型的国有企业基层管理者培训需求研究》，《中国中小企业》2020年第11期。

三 报纸类

陈岩鹏：《央企混改进入实操阶段》，《华夏时报》2014年10月16日第4版。

何泳、蔡彦斌：《全国先进基层党组织深投控党委：坚持党的领导 跟党一起创业》，《深圳特区报》2021年7月2日A18版。

刘丽靓：《国企改革"双百行动"名单确定》，《中国证券报》2018年8月15日第A01版。

刘文涛、曾亮、杨笑寒：《华润（集团）有限公司三项制度改革的实践与思考》，中国企业改革发展优秀成果（首届）发布会暨《中国经济发展阶段性转换》专题报告会论文集，2017年。

孙小兰：《建立职业经理人制度的思考》，《中国经济时报》2014年1月8日第2版。

温亚震、支东生、李媛媛、陈晓红、张佳慧：《国有企业职业经理人制度体系建设与实施研究》，中国企业改革发展优秀成果（首届）发布会暨《中国经济发展阶段性转换》专题报告会论文集，2017年。

吴心韬、罗欢欢、陈济朋：《国外国企高管收入"框框多"》，《决策探索》2014年10月下半月。

肖亚庆：《深化国有企业改革》，《人民日报》2017年12月13日第7版。

杨烨：《国企高管市场化选聘细则将出》，《经济参考报》2016年12月5日第1版。

姚蒙等：《国外为国企高管定薪酬：用透明和限高平息争议》，《环球时报》2014年9月1日。

赵中伟：《中粮集团有限公司成功转型的做法及启示》，《中国企业报》2007年12月11日第1版。

周丽莎、李寒湜、胡钰、王国义、肖雪、付学博、王京波、孙王敏、牟伟：《中央企业建立职业经理人制度研究》，2020中国企业改革发展峰会暨成果发布会论文集，2020年。

朱莉：《关于集团公司职业经理人制度建设中约束机制建设的若干思考》，《现代国企研究》2018年6月下半月。

四 外文类

Christophers, Brett, *Rentier Capitalism: Who Owns the Economy, and who Pays for it?*, London& New York: Verso, 2020.

Crotty, James R., "Owner-manager Conflict and Financial Theories of Investment Instability: a Critical Assessment of Keynes, Tobin, and Minsky", *Journal of Post Keynesian Economics*, Vol. 12, No. 4, 1990.

Downs, E., "Business Interest Groups in Chinese Politics: The Case of the Oil Companies", in Cheng Li, ed., *China's Changing Political Landscape*, Washington, D. C.: Brookings Institution Press, 2008.

Florio, Massimo, "The Return of Public Enterprise", January 29, 2014. Available at SSRN: https://ssrn.com/abstract = 2563560 or http://dx. doi. org/10. 2139/ssrn. 2563560.

Garner, Maurice R., "The Theory of Public Enterprise Reconsidered", *Annals of Public and Cooperative Economics*, Vol. 67, No. 1, 1996.

Houser, T., "The Roots of Chinese Investment Abroad", *Asia Policy*, 5 January 2008.

Huang Qunhui, "How 'New SOEs' Come of Age: Four Decades of China's SOE Reform", *China Economist*, 2018, Vol. 13, No. 01

Jensen M. C., Murphy K. J., "Performance Pay and Top-management, Incentive", *Journal of Political Economy*, Vol. 98, No. 2, 1990.

Jensen M. C., "The Modern Industrial Revolution, Exit, and the Failure of Internal Control Systems", *The Journal of Finance*, Vol. 48, No. 3, 1993.

Kong, B., *China's International Petroleum Policy*, Santa Barbara: Praeger Security International, 2010.

Kong, B., "Institutional Insecurity", *China Security*, 2006, Vol. 3.

Luft, G., "Fueling The Dragon: China's Race into the Oil Market", Institute for the Analysis of Global Security, 2004, http://www. iags. org/china. htm.

Minsky, P. Hyman, "Schumpeter and Finance", in Salvatore Biasco, Alessandro Roncaglia and Michele Salvati, Eds. *Market and Institutions in Economic Development: Essays in Honour of Paulo Sylos Labini*, London: MacMillan, 1993.

Taylor, Monique, "China's Oil Industry: Corporate Governance with Chinese Characteristics", Xu Yi-chong, ed., *The Political Economy of State-owned Enterprises in China and India*, London: Palgrave Macmillan, 2012.

后　　记

首先感谢中国社会科学院国有经济研究智库研究课题"国有企业职业经理人制度研究"对本书出版的资助。还要感谢实地调研中华润集团的大力支持，实地走访过程中搜集整理了众多一手案例和资料，为高质量完成课题研究奠定了扎实基础。围绕国有企业职业经理人制度改革重点难点问题，在课题交流、研讨汇报、实地调研等过程中，研究团队受到很大启发，对书稿的顺利完成发挥了重要的作用。

本书由我和石颖副研究员提出整体写作框架以及具体审阅定稿。各章执笔情况是：第一章执笔人石颖（国家发展和改革委员会经济体制与管理研究所），第二章执笔人李姗姗（中国社会科学院大学工业经济系），第三章执笔人孙小雨（中国社会科学院经济研究所），第四章执笔人张慧（中国社会科学院大学工业经济系）、郝鑫泓（中国社会科学院大学经济学院），第五章执笔人张慧（中国社会科学院大学工业经济系），第六章执笔人石颖（国家发展和改革委员会经济体制与管理研究所）、张文锋（大连海洋大学海洋法律与人文学院）。这里我要感谢我的研究团队成员对中国国有企业职业经理人领域的追踪研究。

本书的出版得到了中国社会科学出版社的大力支持。当然文责自负，真诚欢迎读者们批评指正！

黄群慧
2022年6月

黄群慧 中国社会科学院经济研究所所长、研究员、博士生导师，《经济研究》主编、《经济学动态》主编，兼任中国企业管理研究会副会长、理事长，"十四五"国家发展规划专家委员会委员，国家制造强国建设战略咨询委员会委员，国务院反垄断委员会专家咨询组成员。享受国务院政府特殊津贴，入选"百千万人才工程"国家级人选，荣获"国家有突出贡献的中青年专家"称号、文化名家暨"四个一批"人才。主要研究领域为产业经济、企业管理等，主持国家社会科学基金重大项目3项及其他研究项目多项，在《中国社会科学》《经济研究》等学术刊物公开发表论文300余篇，撰写《新时期全面深化国有经济改革研究》《工业化后期的中国工业经济》《企业家激励约束与国有企业改革》《新工业革命：理论逻辑与战略视野》等专著30余部。研究成果获孙冶方经济科学奖、张培刚发展经济学奖、蒋一苇企业改革与发展学术基金奖、"三个一百"原创图书奖、中国社会科学院优秀科研成果二等奖等。

石颖 国家发展和改革委员会经济体制与管理研究所（简称"体改所"）副研究员。中央财经大学博士后，中国社会科学院研究生院博士，美国杜兰大学联合培养博士。主要研究领域为国企改革、企业经济、经济体制改革等。近年来，先后出版《中国企业双层股权结构制度研究》《中国上市公司员工持股计划的影响效应研究》《混合所有制企业员工持股制度研究》等专著及合著5部，参著十余部。在《改革》、《经济体制改革》、Career Development International 等国内外期刊发表学术论文50余篇，报送内刊内参合计30余篇，多次接受《中国经济时报》《中国劳动保障报》《经济参考报》等主流媒体采访。主持或作为主要成员参与多个五年规划、重要文件起草的前期研究工作，完成或参与完成国家社会科学基金重大项目及国家部委、地方政府、大型企业等单位和机构委托的重要课题累计70余项。研究成果曾获中国企业改革发展优秀成果一等奖、IBS（孟买）第二届人力资源会议"员工参与—组织变革的基因"国际论文类别一等奖，2020年度体改所青年成长计划项目二等奖，2021年度体改所青年成长计划项目三等奖。

孙小雨 中国社会科学院经济研究所助理研究员。主要研究方向为政治经济学、后凯恩斯主义经济学和经济思想史，主要关注利润率理论和金融不稳定理论研究。2014年毕业于清华大学社会科学实验班，获得经济学学士学位；2019年毕业于清华大学社会科学学院，获得经济学博士学位；2018年在美国纽约新学院大学社会研究学院担任访问学者。在《世界经济》《政治经济学评论》《中国经济问题》《政治经济学报》《政治经济学季刊》等期刊发表了多篇论文和译文，参与出版译著《资本主义：竞争、冲突与危机》（与赵准和李连波合译）与《后凯恩斯主义经济学：新基础》（孟捷编）。